新技多彩
和食の野菜料理

多様な野菜を使いこなし、おいしさ溢れるプロの155品

横井　清
西　芳照
下山哲一
阿部英之
髙橋孝幸

新技多彩

和食の野菜料理

目次

野菜の持ち味で絶妙な味わいに

たれ・調味料で多彩な味わいを工夫 73

だしの旨味でもっとおいしく 97

野菜料理ならではの〆めの一品

本書をお読みになる前に

- 本書は、「和食の最新野菜料理」（小社刊）をベースに、新たに撮影した料理を加えて再編集したものです。
- 「作り方」の計量単位は、大さじ1は15㎖、小さじ1は5㎖、1合は180㎖です。
- 材料の分量表記で、適量、少々とあるものは、材料の状態やお好み、季節などを勘案し、分量を加減の上、お使いください。また、調味料は、割合を示すにとどめたものもあります。
- 材料の表記中、酒とあるものは日本酒、酢は純米酢、葛粉は吉野葛粉、砂糖は上白糖、油は指定がない場合はサラダ油をさします。
- 酒と味醂は、調理法によっては、適宜煮切って、アルコール分を飛ばしてからお使いください。
- 料理に使われている「だし」については、122〜124頁をご参照ください。
- 材料の下処理、下ごしらえで使われる重曹やみょうばん、アク、それに準ずる塩や酢などの調味料及び揚げ油などは省略しているところもあります。
- 赤酒は、熊本県特産の独特の甘味と風味を持つ赤い酒です。味醂のように使い、料理にコクを出します。
- 各料理の解説文末尾の括弧内に氏名のあるものは、その料理の制作者名で、それ以外は横井 清氏制作の料理です。

新技多彩 和食の野菜料理

独自の新技で魅力づくり

野菜の魅力を打ち出すには、素材の持ち味を活かすことに加え、組み合わせの妙を楽しませたり、出会ったことのない味を楽しませたり、ときには日本料理の枠を越えた味作りのセンスも必要となります。

湯葉の白和え アボカド釜入り

アボカドをくり抜いた中には生湯葉をたっぷりと詰め、ボリューム感とヘルシー感を両立させた和え物としての一品。生湯葉は生クリームを隠し味として加えてコクを出し、おいしさを強める。上に、茹で豆とくり抜いたアボカドをのせ、たっぷりの銀あんをかける。前盛りにしたトマトは昆布だしで炊いたもの。

＊主要な野菜類
アボカド／生湯葉／白いんげん／赤いんげん／ひよこ豆／うずら豆／そら豆

＊ポイントとなる調味材料
生クリーム入りの白和え

＊使用するだし
昆布だし

作り方は160頁

しぼり豆腐のおぼろ昆布巻き

水気をしぼった豆腐とトマトを挟み、おぼろ昆布で巻いて油で揚げる。シンプルな料理ながら、質のよい豆腐を使い、トマトを風干しして甘味を出し、おぼろ昆布を贅沢に何重にも巻いてあるので、ひと口ひと口の印象が強い。敷いているのは、クリームチーズと豆腐で作るなめらかなクリームで、白和え衣にも使用する。

＊主要な野菜類
木綿豆腐／トマト／おぼろ昆布
＊ポイントとなる調味材料
クリームチーズ

作り方は160頁

丸茄子とアボカドの挟み揚げ

丸茄子でアボカドを挟んで揚げた揚げ物。茄子もアボカドもやわらかで、フライにすることで衣のさっくりとした食感が加わり、食べ応えが出る。アボカドの緑色や茄子の紫色も、揚げることで冴える。戦前の料理名人といわれた渋谷利喜太郎氏考案の紅葉ドレッシングに生姜やかんずりなどを加えた、複雑な風味のドレッシングで味わう。（西　芳照）

＊主要な野菜類
丸茄子／アボカド

作り方は161頁

水《すい》前《ぜん》寺《じ》菜《な》長芋巻き

水前寺菜の浸し地が、水前寺菜の色素が溶け出して美しい紫色になることにヒントを得た一品。浸し地をゼリー寄せにして飾る。水前寺菜はかつらむきにした長芋で巻き、長芋のしゃきしゃきとした食感が心地よい。紫色が涼やかで、夏向きの小鉢となる。（下山 哲一）

＊主要な野菜類
水前寺菜／長芋
＊使用するだし
一番だし／昆布だし

作り方は161頁

胡麻のゼリー寄せ

中に自家製の濃厚な胡麻落雁《らくがん》を包み込み、ゼリー寄せにした前菜。昔からある仕事で、いまはあまり作られないため覚えておいてほしい料理である。胡麻落雁は、こうした前菜や甘味としてお出しできる他、形を崩して胡麻和えの衣といった調味材料として使え、仕事の幅を広げてくれる便利なものといえる。

＊主要な野菜類
胡麻
＊使用するだし
昆布だし

作り方は161頁

酒《しゅ》肴《こう》彩《さい》菜《さい》

下ごしらえをした野菜を、にんにく味噌や刻んだ二十日大根をからめながら食べていただく。野菜は、ヘビ茄子と呼ばれる長い茄子、ホワイトアスパラ、三尺いんげんなど。長細いものを選ぶ。手前は椎茸の煮物と、ヨーグルトで戻したドライマンゴー。味のバリエーションを楽しませる。（阿部　英之）

＊**主要な野菜類**
ヘビ茄子／ホワイトアスパラガス／三尺いんげん／椎茸／二十日大根／マンゴー

＊**ポイントとなる調味材料**
にんにく味噌

作り方は162頁

蕃茄《とまと》ゼリー カリフラワー泡寄せ ぶどう煮詰めかけ

サラダ感覚の味わいの料理を日本料理の技法で表現。上段はトマトをゼラチンで固め、下段はカリフラワーをやわらかく寄せたもの。巨峰を煮詰め、黒酢をプラスしてコクを出したソースをドレッシングとしてかけ、深みのある酸味を楽しんでいただく。あしらいは、レモンとシークワーサーの砂糖漬け、翡翠銀杏、毛蟹のむき身。蕃茄とはトマトのこと。

（髙橋　孝幸）

＊主要な野菜類
トマト／カリフラワー

＊ポイントとなる調味材料
ぶどうの煮詰め汁

＊使用するだし
昆布だし

作り方は163頁

作り方は163頁

沢煮ゼリー寄せ

ごぼうやうどなど野菜をいろいろ使う沢煮を、ゼラチンで寄せた夏向きの冷やし煮物。材料を細く切ることで、見た目にも涼し気。ゼリー地は、水出しした昆布だしに、白醤油や味醂で調味をする。青じその素揚げを天盛りにする。

＊主要な野菜類
ごぼう／うど／茗荷／青唐辛子／ズイキ／薄揚げ

＊使用するだし
一番だし／昆布だし

作り方は164頁

莫大海葛寄せ《ばくだいかいくずよせ》

刺身のつまや酢の物のあしらいなどによく使われる海草の莫大海を生かした葛寄せ。半透明に練り上げた葛から中の素材がうっすらと見える趣が、これば何だろうと、食べ手の期待感を高める。寄せ地は、鶏ガラやイリコ、カツオ節から取る合わせだしで、旨味を強めたもの。

＊主要な野菜類
莫大海
＊使用するだし
鶏ガラとイリコとカツオ節の合わせだし
昆布だし／一番だし

作り方は164頁

キャベツ甲州和え

キャベツとマスカットの組み合わせが、意外ながら爽やかな一品。緑の色合いが食欲を誘う。キャベツもマスカットも湯通しすることで色が冴える。和え衣は、白ワインと昆布のだしを合わせたもの。吉野葛でとろみを付け、材料にからみやすくする。

＊**主要な野菜類**
キャベツ／マスカット
＊**ポイントとなる調味材料**
白ワイン入りの和え衣
＊**使用するだし**
昆布だし

作り方は164頁

筒抜き胡瓜梅肉鋳《い》込《こ》み

そのままお通しにも、前菜の一品としても提供できる胡瓜の鋳込み。胡瓜には、裏漉しした梅肉に海苔、青じそ、削り節、刻んだドライトマト、当たり胡麻といった風味豊かな材料を合わせて詰める。この鋳込む材料だけでも焼き物の前盛りになる。ご飯の友として、お土産としてもとても喜ばれる。

＊主要な野菜類
胡瓜／青じそ／ドライトマト

作り方は164頁

蒟蒻《こんにゃく》のゆかり炊き

シャンパングラスで提供する、洒落た趣のこんにゃくの料理。白こんにゃくを軽く茹でてから油で炒め、酒と砂糖蜜で味を含ませ、梅酢でほのかな酸味と色を付ける。仕上げに赤じそを少しからめて味をまとめる。

＊主要な野菜類
こんにゃく
＊ポイントとなる調味材料
梅酢／赤じそ

作り方は165頁

蓴菜《じゅんさい》 芋寄せ バルサミコ酢 矢羽根

夏向きの口取りとして材料使いも味わいも手間を感じさせる料理。じゅんさいの寄せ物、すりおろした大和芋の寄せ物を重ねている。大和芋の寄せ物の上部には、昆布だしで割ったバルサミコ酢を矢羽根に見立てて流して模様を付け、冷やし固める。一番だしを基本にした地を張り、わさびのせん切りを天にあしらう。

＊主要な野菜類
じゅんさい／大和芋

＊ポイントとなる調味材料
バルサミコ酢

＊使用するだし
一番だし／昆布だし

作り方は165頁

玉葱ピューレ葛豆腐

玉ねぎを、胡麻豆腐の要領で葛で寄せた口当たりのなめらかな豆腐。玉ねぎは一度下茹でしてクセやにおいを取り、木綿と寒冷紗で二重にした羽二重漉しにかけてから使う。上にかける銀あんにも玉ねぎを裏漉ししたものを加え、玉ねぎの風味と甘味をたっぷりと。

＊主要な野菜類
玉ねぎ
＊使用するだし
一番だし／昆布だし

玉葱ピューレ葛豆腐の作り方

1 ボウルに葛粉を入れて昆布だしを加える。

2 よく混ぜたら上澄みを捨ててざるで漉す。

3 漉したものに、裏漉しにかけてペースト状にした玉ねぎを合わせる。

4 塩と酒を加えて味を調える。

5 鍋に移して火にかけ、やや弱めの中火でじっくりとコシが出てくるまで充分に練る。これを流し缶に入れて蒸す。

万願寺
きんぴら鋳込み

長さが15㎝もある大型の万願寺唐辛子を活かした料理。肉厚の実の中に、ソースで味付けしたごぼうのきんぴらを詰めてさっと焼き、唐辛子の甘味と個性的なきんぴらの風味を引き立たせて提供する。シンプルなアイデア料理だが、意外にお客様には印象に残るもの。

＊主要な野菜類
万願寺唐辛子／ごぼう
＊ポイントとなる調味材料
ウスターソース

作り方は165頁

もろこし玉子焼きとゆかりの博多押し

作り方は165頁

とうもろこしの粒をペースト状にして焼いたクレープ風の生地を、ゆかりと交互に重ねてバッテラの押し枠に入れ、形を整えた一品。日本料理の、丁寧で繊細な仕事が映える。とうもろこしの甘味とゆかりの酸味が好相性で、酒の肴に評判がよい。

＊主要な野菜類　とうもろこし
＊ポイントとなる調味材料　ゆかり

梨の皮きんぴら

薄くむいた梨の皮に人参とピーマンを取り合わせ、サラダ油で炒めたきんぴら。調味は、酒と薄口醤油、赤酒でさっぱりと。梨のしゃきしゃきとした食感が魅力だ。皮の部分にこそ旨味があるので、残さず活用したいことから考案。材料を工夫すれば、きんぴらはさまざまなバリエーションが広げられる。

＊主要な野菜類　梨／ピーマン／人参

作り方は166頁

作り方は166頁

ミニトマトのフライ

ミニトマトにパセリ入りの衣を付けて揚げて、トマトの甘味を引き出した。トマトは湯むきして用いる。衣は歯ざわりがよいように細かく挽いたパン粉にみじん切りにしたパセリを混ぜて風味をよくする。天だしで味わっていただく。

＊主要な野菜類
ミニトマト／パセリ
＊使用するだし
昆布だし

マッシュルーム、木の実、里芋挟み揚げ吉野あん

大きめのマッシュルーム2個で里芋団子の生地を包んで揚げた、ややボリュームのある一品。マカロンのコロンとした形をヒントに発想した。中には銀杏やくるみ、松の実、栗などの秋の木の実をいろいろと加えてある。吉野あんを張って提供する。菊菜と紅葉人参をあしらう。（髙橋　孝幸）

＊主要な野菜類
マッシュルーム／里芋／銀杏／くるみ／栗

＊使用するだし
一番だし

作り方は166頁

作り方は166頁

蓮根の白玉鋳込み 黄身がらし揚げ 豆乳ソース敷き

蓮根の穴に、豆腐と白玉を詰め、和がらしを加えた黄身衣で色よく揚げた一品。熊本県の郷土料理として知られるからし蓮根を日本料理らしくアレンジ。コクのある豆乳ソースを敷き、天にせん切りにしたアスパラガスを添えて品よく提供する。

＊主要な野菜類
蓮根／木綿豆腐
＊ポイントとなる調味材料
豆乳や西京味噌入りのソース
＊使用するだし
一番だし

ソースきんぴら

当座煮としてお馴染みのきんぴらごぼう。これは、旨味の強い皮の部分だけを使った贅沢ともいえるきんぴら。醤油ではなく、ウスターソースと中濃ソースの味付けが意外に好相性と喜ばれる。1~2日置くと味がよくなじみ、皮もやわらかくなっていっそうおいしくなるので前もって仕込んでおきたい。

＊主要な野菜類　ごぼう

＊ポイントとなる調味材料　ウスターソース／中濃ソース

作り方は167頁

大根素麺

汁物風の趣が変わった小鉢。大根をやや厚めのかつらにむき、太めのせん切りにして片栗粉をまぶし、昆布だしで茹でて口当たりをよくする。まるでそうめんのようにのどごしよく楽しめる。夏場は冷やし、冬場は温めて供するとおいしく味わえる。

＊主要な野菜類　大根

＊使用するだし　一番だし／昆布だし

作り方は167頁

作り方は167頁

胡麻豆腐　栗《くり》覆輪《ふくりん》

〝覆輪〟は輪かけともいい、調理した材料に違った材料をかけたり巻いたりする日本料理の古い仕事の一つ。ここでは胡麻豆腐を丸く抜き、クレープのように薄く焼いた栗入りの生地できれいに巻く。栗は裏漉しをし、小麦粉や牛乳を加えてクレープの生地にする。レモンをきかせた醤油を張る。

＊**主要な野菜類**
胡麻／栗
＊**ポイントとなる調味材料**
レモン入りの醤油
＊**使用するだし**
昆布だし

黒胡麻豆腐

健康によいという、炭入りの麹を加えた黒胡麻豆腐。胡麻豆腐の生地に、炭入りの麹を加えて仕込む。通常の胡麻豆腐に多少の塩気と甘味、酸味が加わり、まろやかなおいしさが魅力だ。あしらいは、自家製の胡麻落雁《らくがん》とおろしわさび。すだちのしぼり汁で酸味を加えた酢醤油を張る。（西　芳照）

＊主要な野菜類
黒胡麻

＊ポイントとなる調味材料
生伽羅麹《なまきゃらこうじ》

＊使用するだし
一番だし

作り方は167頁

作り方は168頁

野菜の油煮

オリーブ油とにんにくで具材を煮込むスペイン料理、アヒージョをヒントにした料理。にんにくは使わず、質のよいオリーブ油だけで南瓜や管《くだ》ごぼう、じゃが芋などの野菜を煮込み、蓼ポン酢で楽しんでいただく。蓼はアユに必ず組み合わせるが、野菜とも好相性なのでおすすめ。南部鉄瓶で有名な鋳物の鍋を使い、保温性を持続させる。（阿部　英之）

＊主要な野菜類
じゃが芋／ごぼう／南瓜／トマト

＊ポイントとなる調味材料
蓼入りポン酢

冷製おでん

野菜の中でも旨味成分が多いトマトを多く使った冷製おでん。赤、黄、オレンジ、黒とさまざまな色のミニトマトを使用。うずらの卵やこんにゃくなどおでんらしい具のほかに、梨も加え、意外性を高めた。だしは、昆布だしに〝イカソウメン〟と呼ばれる市販の乾燥イカとソーセージを加える。煮込まずに、具材をだしに浸して味をしみ込ませる。（阿部　英之）

＊主要な野菜類
トマト／梨／こんにゃく／厚揚げ
＊使用するだし
昆布だし

作り方は168頁

作り方は168頁

海老芋《えびいも》飛龍頭《ひりょうず》の柴蒸し

海老芋を加えた飛龍頭に、細切りしたごぼうやうど、人参と、泡立てた卵白を混ぜてのせた蒸し物。細切りにした野菜には、豚の背脂を加えて一緒に煮て、コクを出す工夫をする。海老芋と豆腐、野菜類と卵白、あんがからまり、食べやすくなる。（下山　哲一）

＊主要な野菜類
海老芋／ごぼう／うど／人参／木綿豆腐

＊ポイントとなる調味材料
豚の背脂

＊使用するだし
一番だし

大根餅　菜の花　パプリカ
二見椎茸《ふたみしいたけ》の煮合わせ

作り方は169頁

すりおろした大根に白玉粉を加えて蒸し、餅のような食感に仕上げた煮物。その右の二見椎茸は、アンチョビ入りの糝薯《しんじょ》を生椎茸に貼り付けて蒸し、旨味を持たせたもの。大根餅は、片栗粉をまぶして油で揚げてもおいしい。

＊主要な野菜類
大根／菜の花／椎茸

＊ポイントとなる調味材料
アンチョビ

＊使用するだし
一番だし／ソップだし

大根餅の作り方

1 大根をやや粗めにおろして軽く水気を絞り、白玉粉を加える。これを耳たぶ程度になるまで練る。

2 塩で味を付け、ラップを敷いた器に1の生地を平らに敷き、中火で約15分蒸す。この後、型で抜く。

野菜白玉餅

ほうれん草や南瓜、長芋、人参といったおなじみの野菜に加え、ビーツや紫芋などの発色の美しい野菜を取り入れて6種類の白玉餅を考案。蒸し物、あるいはおしのぎとして提供する。どれも野菜の持ち味がほのかに伝わって来る。茹でて配色よく器に盛り、銀あんを張って提供。餅のかたさの調整には昆布だしを使う。（下山　哲一）

＊**主要な野菜類**
ほうれん草／南瓜／ビーツ／長芋／紫芋／人参

＊**使用するだし**
昆布だし

6種の野菜入り白玉餅。左から、紫芋、南瓜、長芋、ビーツ、ほうれん草、人参が入っている。

作り方は169頁

作り方は169頁

南瓜塩釜焼き

肉質がしまり、加熱するとほくほくした食感が魅力の栗南瓜を、演出効果の高い塩釜焼きで提供。酒を含ませた和紙に南瓜を包んで粗塩と卵白を合わせた塩釜でしっかりと覆い尽くしてオーブンで焼く。塩味がほどよく浸透して甘味が引き立ち、開いたときに南瓜の黄色も美しい。煮梅を添える。

＊主要な野菜類　南瓜

塩で包んで加熱することで密封され、南瓜のおいしさが逃げない。客席には塩釜で包んだまま提供し、木槌を渡してお客様に割って食べていただく。

塩釜の包み方

1 酒を少し含ませた和紙をまな板に広げ、木の葉にむいた南瓜を中心に置き、手前から折って包む。

2 塩に卵白を混ぜて包む塩を用意し、1の南瓜を和紙で包んだまま、塩で覆って固める。これをオーブンに入れ、低温でじっくりと蒸し焼きにする。

作り方は170頁

キャベツのトマト田楽挟み焼き

キャベツと、トマトやトマトケチャップを取り入れた独自の田楽味噌を交互に重ねてオーブン焼きにした焼き物。トマト入りの田楽味噌の断面が美しい。キャベツは葉を1枚ずつはがして、2～3日陰干しにして甘味を出してから使う。

＊主要な野菜類
キャベツ／トマト
＊ポイントとなる調味材料
西京味噌／ケチャップ

作り方は170頁

新じゃが芋のゆかり焼き

じゃが芋の中心をくり抜いて素揚げし、ゆかりやすりつぶした枝豆、玉子の素を合わせたものを詰めて焼く。不思議な組み合わせに見えるが、じゃが芋のクセのない味と個性の強いゆかりや卵の素の味がよく合い、酒が進む。サクッとした食感も魅力。

＊主要な野菜類
じゃが芋
＊ポイントとなる調味材料
ゆかり／卵の素

作り方は170頁

漬け物 巻繊《けんちん》焼き

巻繊とは、もともとは刻んだ野菜を湯葉などで巻いたもの。現在では精進料理の一つとして、焼き物のほか、汁物、蒸し物などがあり、応用の幅が広い。これは細かく刻んだ漬け物を加えて、風味や歯応えの楽しさをプラスした一品。生地には胡麻油を加えてコクを。

＊主要な野菜類
木綿豆腐／山芋／かぶ／大根の浅漬け／ザーサイ／水菜／人参

作り方は170頁

慈姑《くわい》どら焼き

正月料理や祝い用の料理で、縁起物として利用されることの多い慈姑。ここでは菓子をヒントに、すりおろした慈姑に小麦粉や玉子の素などを混ぜ合わせて焼き、品のよい焼き物として提供する。べったら漬けと相性がよい。

＊主要な野菜類
くわい
＊ポイントとなる調味材料
卵の素

茄子 鋳込み巻繊《けんちん》焼き 利久味噌がけ

本来ならば豆腐を用いる巻繊地に、高野豆腐を用いて生地を作り、茄子の食感を表現。同時に味に深みも出す。中にはクコの実や三つ葉、人参などのカラフルな材料を加え、彩りをよくする。玉味噌に当たり胡麻を加えた利久味噌で食べていただく。（髙橋　孝幸）

＊主要な野菜類
茄子／高野豆腐／人参／キクラゲ

＊ポイントとなる調味材料
利久味噌

＊使用するだし
一番だし

作り方は170頁

作り方は171頁

奈良漬け胡麻からし焼き

奈良漬けを刻んで、卵黄や練りがらしなどで作ったたれに混ぜて焼いた香ばしい一品。奈良漬けの歯切れのよさがちょっとしたアクセント。奈良漬けは甘口の酒に浸してほどよく甘味を抜いてから使う。たれは赤酒や昆布酒も合わせ、酒と相性のよい味に調える。

＊主要な野菜類
奈良漬け
＊ポイントとなる調味材料
胡麻とからし入りの醤油だれ

新技多彩 和食の野菜料理

野菜の持ち味で絶妙な味わいに

野菜の持ち味というのは奥深いもの。淡白という一面がある一方、野菜本来の甘味、旨味があり、お客様の年齢が上がるほどに滋味として評価が高まるのです。その味を引き出すのは、伝統的な日本料理の技術です。

作り方は171頁

季節野菜の混ぜ和え

季節の野菜を使い、その場で即興的に作る和え物。ここではズイキ、茗荷、胡瓜、茄子、赤パプリカを細長い短冊に揃えて切り、醤油や酒、赤酒で和える。色合いと歯応えが大切なので、バランスが重要。茗荷や胡瓜、赤パプリカの下ごしらえでは、昆布だしに塩や砂糖を加えて氷も入れ、そこに茹でた野菜を落として味を入れることがポイント。

＊主要な野菜類
胡瓜／茗荷／茄子／ズイキ／パプリカ
＊使用するだし
昆布だし

作り方は171頁

胡瓜おろし和え

胡瓜を和え衣に使い、緑和えともいわれる和え物。オクラ、なめこ、べったら漬けという食感に個性がある材料を取り合わせ、カボスのしぼり汁や薄口醤油、赤酒などで調味。胡瓜のやさしい緑色が大切なので、盛り付ける直前に和えることがポイント。

＊主要な野菜類
胡瓜／オクラ／なめこ／べったら漬け
＊ポイントとなる調味材料
胡麻油入りの胡瓜おろしの和え衣

作り方は172頁

冬瓜《とうがん》おろし和え

冬瓜をすりおろして和え衣にした、さっぱりとした和え物。調味は甘酢と塩、薄口醤油。和える材料は、さっと焼いた椎茸、蒸した百合根、塩茹でにしたそら豆を使用する。夏らしい爽やかな色合いを意識して盛り付ける。

*主要な野菜類
冬瓜／椎茸／そら豆／百合根

*ポイントとなる調味材料
甘酢

作り方は172頁

茄子皮のひともみ柚子風味

さっと手軽に作れる夏の小鉢。茄子の皮を極細のせん切りにし、一番だしに酒と塩を合わせた浸し地に含ませておき、しんなりとしたところをお出しする。おろし柚子は、柚子皮を重曹を加えた熱湯で茹でて水にさらしてから裏漉しにかけている。

＊主要な野菜類
茄子
＊使用するだし
一番だし

作り方は172頁

揚げ茄子のアボカド盛りからしあんかけ

イリコや鶏ガラの旨味がのっただしで煮含めた茄子、オーブンで軽く焼いてとろりとした食感を高めたアボカド、風干しにして甘味を引き出したフルーツトマト。それぞれの野菜にひと手間かけて持ち味を高め、ひと皿に盛り合わせる。銀あんに和がらしを加えたあんで全体の味をまとめる。

＊**主要な野菜類**
アボカド／茄子／トマト
＊**ポイントとなる調味材料**
からしあん
＊**使用するだし**
鶏ガラとイリコとカツオ節の合わせだし

茄子そばのとろろ野菜かけ

茄子をそうめんに見立てたのどごしのよい一品。米茄子をかつらむきにし、そうめんのように細く切って片栗粉をまぶして油で揚げる。長芋やなめこ、じゅんさい、オクラなどのつるりとした食感の野菜をたっぷりと盛り、だし割りポン酢をかけ、さっぱりといただく。

＊主要な野菜類
米茄子／なめこ／じゅんさい／おくら／とんぶり

＊使用するだし
鶏ガラと焼きアゴと昆布の合わせだし

作り方は172頁

絹かわ茄子の月冠《げっかん》巻き

愛媛産の、皮も実もやわらかい秋茄子を、いっそうなめらかな食感で楽しませるための一品。かつらむきにした大根で、油で揚げて皮をむいた茄子を巻く。右巻きにし、とじめを前にして盛ることが約束。あしらいは、編笠柚子。割りポン酢とおろし柚子を混ぜた大根おろしを添える。

＊主要な野菜類
絹かわ茄子／大根

＊ポイントとなる調味材料
割りポン酢

＊使用するだし
一番だし

作り方は173頁

茄子のそばクレープ巻き

秋茄子を楽しませる、ひと手間かけた小鉢料理。秋に収穫するそば粉を使ってクレープを焼き、味を含ませておいた焼き茄子を包む。ボリューム感が必要なときには、これを揚げるとよい。手前のあしらいは、茄子の皮を細くせん切りして揚げたもの。銀あんをたっぷりとかける。(西　芳照)

＊主要な野菜類
茄子／そば粉
＊使用するだし
一番だし／昆布だし

作り方は173頁

菊花真丈《しんじょう》
蕪菁《かぶら》千段《せんだん》押し

菊花とかぶを主役に、酢じめの仕事を千段押しの手法で表現。菊花と白身魚のすり身を合わせて間に挟むことで、食べ応えを出す。叩いた長芋と小粒なめこを加減酢とともに周囲に敷く。あしらいの松葉そば、いちょう丸十、クコの実で秋のあでやかさを表現。蕪青とはかぶのこと。（髙橋　孝幸）

＊主要な野菜類
食用菊／かぶ

＊使用するだし
一番だし／昆布だし

作り方は173頁

作り方は174頁

千枚蕪《かぶ》と松茸の抹茶酢かけ

京都特産の聖護院かぶを薄切りし、昆布とともに酢漬けにした千枚かぶは、秋に欠かせない味覚。これを焼き松茸に重ね、香り高い抹茶の合わせ酢をかけて秋の訪れを堪能させる。合わせ酢は葛を引いた後、冷ましてから抹茶を加える。

＊主要な野菜類
千枚かぶ／松茸
＊ポイントとなる調味材料
抹茶酢

里芋と南瓜 袱紗《ふくさ》揚げ

中に胡麻豆腐を詰め、里芋と南瓜で茶巾に絞った雅びな一品。袱紗に仕立て、さらに揚げ物にするなど手間をかけることで、見栄えよくボリュームもある実質的な料理として若い世代に好まれる。芋類を使うともそもそして食べにくいと思われやすいが、中の胡麻豆腐をがとろりとして里芋や南瓜となじみ、食べやすくなる。（下山　哲一）

*主要な野菜類
里芋／南瓜

*ポイントとなる調味材料
胡麻豆腐

*使用するだし
一番だし／昆布だし

里芋と南瓜の生地の中に、胡麻豆腐を詰める。

作り方は174頁

作り方は175頁

菊菜と菊花ととんぶり

香りのよい菊菜に、ほろ苦く繊細な味わいが魅力の食用菊、プチプチした歯ざわりが楽しいとんぶりを組み合わせた、秋を感じさせる浸し物。どちらの食材も苦味やアクがあるので、重曹を用いて、下ごしらえに手を抜かないこと。

＊主要な野菜類
菊菜／食用菊／とんぶり
＊使用するだし
一番だし

野菜の白和え

野菜や精進ものの材料をおいしくするために重要な白和え。ここでは木綿豆腐に生湯葉を等量ずつ合わせ、見た目には変哲がないように思えながら、食べるとなめらかで甘味が強い味わいに仕上げる。和えた材料は、軽く炒めたゴーヤ、人参、こんにゃく、椎茸、焼き栗など。

＊主要な野菜類
ゴーヤ／人参／椎茸／こんにゃく

＊ポイントとなる調味材料
生湯葉入り白和え衣

＊使用するだし
一番だし

作り方は175頁

作り方は175頁

軸白菜 えのき茸 ラ・フランスの 納豆かけ

風干しして甘味を引き出した白菜の芯、香りのよい西洋梨、プチプチした食感が楽しいえのき茸を束ねて盛り付け、引き割り納豆をくら掛けした個性的な材料使いの小鉢。引き割り納豆には、うずらの卵黄やかんずりなどを加え、ちょっとクセになる味を生み出す。

＊主要な野菜類
白菜／えのき茸／ラ・フランス
＊使用するだし
一番だし／昆布だし

作り方は175頁

厚揚げの薯蕷《じょうよ》蒸し

〝薯蕷〟は山芋を使った料理につけられる名称。大和芋をすりおろして使う薯蕷蒸しは、白身魚を組み合わせることが多いが、ここでは厚揚げにかけて精進風に。〝薯蕷〟蒸しの生地には卵白を加え、ふんわりと口当たりよく蒸し上げた。かんずりを天に添える。

＊主要な野菜類
厚揚げ／大和芋
＊使用するだし
一番だし

揚げ阿茶羅《あちゃら》漬け

甘酢と昆布だしを合わせた阿茶羅酢に、いったん油で揚げた色とりどりの野菜を漬け込んだもの。これだけでも小鉢として供することができるが、焼き物の前盛りや和え物の材料にもなり、仕込んでおくと使い勝手がよい。塩を増やすと漬け物代わりになる。ズッキーニは緑色が酢によって飛ぶので、酢の量を控えるなど、材料の特性に合わせて阿茶羅酢の加減をする。（下山　哲一）

＊**主要な野菜類**
ズッキーニ／茄子／カリフラワー／人参／南瓜／栗

＊**ポイントとなる調味材料**
阿茶羅酢

＊**使用するだし**
昆布だし

作り方は176頁

作り方は176頁

九条葱と湯葉の京ぬた

香りのよい九条ねぎと大豆の旨味が濃厚な汲み上げ湯葉の酢味噌和え。飽きのこない定番の小鉢である。酢味噌は白玉味噌に米酢と和がらしを加える。汲み上げ湯葉は、予算が許せば、最初に取る一番湯葉を使いたい。三番湯葉を使う場合は、淡口八方だしのだしを8ではなく6の割合に濃くして煮る。

＊主要な野菜類
九条ねぎ／生湯葉
＊ポイントとなる調味材料
酢味噌
＊使用するだし
昆布だし

作り方は176頁

焼き葱酢漬け

筒切りにして軽く焼いた白ねぎを、やや甘味を強めた三杯酢で楽しんでいただく。上には、トマトや胡瓜の酢漬けを細かく刻んでのせ、花ガツオとうずらの茹で玉子の輪切りをのせる。単純な一品のようだが、こうしたシンプルな料理こそお客様の記憶に残るもの。

＊主要な野菜類
長ねぎ／トマト
＊ポイントとなる調味材料
三杯酢
＊使用するだし
昆布だし

沢煮椀

昔からある仕事で、うどやごぼう、三つ葉、豚の背脂などを用いて仕込む椀物。ここでは豚の背脂は使わず、夏場向けにさっぱりと味わっていただくようかんぴょうや薄揚げを使い、精進もので仕上げた。だしは昆布だし。薄葛を引いてのどごしをよくする。

＊主要な野菜類
かんぴょう／薄揚げ／ごぼう／人参／うど

＊使用するだし
昆布だし

作り方は176頁

作り方は177頁

蕨《わらび》 春どんこ
湯葉の炊き合わせ

ちょっとクセのあるわらび、肉厚の春子《はるこ》椎茸といった春らしい材料を一つの器に盛り合わせた春らしさがいっぱいの炊き合わせ。わらびと椎茸はカツオの一番だしで、生湯葉は昆布だしで煮上げる。生湯葉は甘さを強めて煮ることが味を引き立てるコツ。

＊主要な野菜類
わらび／椎茸／生湯葉
＊使用するだし
一番だし／昆布だし

作り方は177頁

筍若布《わかめ》巻き　蕨　マッシュルーム

出会いの味といわれる筍とワカメを主役にした炊き合わせ。見た目にはあっさりとしているイメージだが、カツオ節だけではなくイリコも加えた合わせだしで煮含め、あとを引く味わいに仕上げた。マッシュルームは揚げ煮にしてコクを出す。

＊主要な野菜類
筍／わらび／マッシュルーム

＊使用するだし
イリコと昆布とカツオ節の合わせだし

作り方は177頁

新蓮根蒸し

七月から出回る新蓮根の、甘味と清楚な白さを生かした蒸し物。梅肉あんをたっぷりと張り、白と赤の色鮮やかな対比を取り入れ、夏らしくすっきりと盛り付ける。蒸し物の中には、才巻海老と走りの銀杏を詰める。（下山　哲二）

＊主要な野菜類
蓮根
＊ポイントとなる調味材料
梅あん
＊使用するだし
一番だし

作り方は178頁

筍八方炊き
蕗《ふき》信田《しのだ》巻き
椎茸旨煮

春の代表的な素材の炊き合わせ。筍は、カツオ節とイリコの旨味がきいた八方だしでじっくりと煮含め、蕗は薄揚げを開いて裏にして巻き、昆布だしの地に浸して含ませる。椎茸は昆布だしに濃口醤油と砂糖を合わせた甘辛の煮汁で濃いめに煮付ける。

＊主要な野菜類
筍／蕗／薄揚げ／椎茸

＊使用するだし
イリコと昆布とカツオ節の合わせだし／昆布だし

作り方は178頁

筑前煮

福岡県の郷土料理として知られる筑前煮。本来は鶏肉が材料に使われるが、ここではごぼう、人参、干し椎茸、子芋、筍、こんにゃくの野菜だけを使用。コクと香りが出る胡麻油で炒め、鶏ガラやイリコ、カツオ節から引く濃厚な合わせだしを使って炊き、野菜をいっそうおいしくして楽しんでいただく。

＊主要な野菜類
筍／ごぼう／人参／椎茸／里芋／こんにゃく
＊使用するだし
鶏ガラとイリコとカツオ節の合わせだし

玉葱玉地蒸し

新玉ねぎの甘さと風味を存分に楽しませる料理。中にくり抜いた玉ねぎと卵で作った卵地を流し込んで蒸す。初夏の季節らしく、ホタルイカの叩きと生姜、青ねぎをのせたが、いろいろな材料と相性がよく、応用がきくことが強み。玉ねぎはスプーンで簡単に崩せる。（下山　哲一）

＊主要な野菜類
玉ねぎ
＊使用するだし
ソップだし

作り方は178頁

揚げ大根の含ませ煮

時間をかけて揚げ、甘味を引き出した大根料理。昔からある仕事で、大根が甘くやわらかくなるため、年配のお客様にも食べやすいと喜ばれる。約15分かけて揚げた大根は、甘めに味を調えた薄口八方だしで煮て味を含ませる。あしらいは餅銀杏、さつま芋から作る紅葉丸十といちょう丸十。揚げ油は、予算が許せば、太白胡麻油を使いたい。

＊主要な野菜類
大根
＊使用するだし
一番だし

作り方は178頁

作り方は179頁

松茸丸炊き 栗焼き煮 茗荷油焼き

松茸と栗を使った、ちょっとリッチな秋の味覚の炊き合わせ。どれも素材の色を生かして品よく仕上げる。松茸は軸の部分に昆布を巻き、イリコや昆布のだしを使った甘辛の煮汁で炊く。栗は薄甘に煮てから焼き目を付ける。茗荷はサラダ油をぬって焼き、淡めの煮汁で煮含めて盛り合わせる。

＊主要な野菜類
松茸／栗／茗荷
＊使用するだし
イリコと昆布とカツオ節の合わせだし

冬野菜高野巻き

高野豆腐で冬野菜を巻き、さまざまな野菜の味わいをじんわりとだしがしみた高野豆腐と一緒に味わう煮物。使用している冬野菜は、海老芋、人参、堀川ごぼう、椎茸。白身魚のすり身も巻き込む。見た目は地味めのだが、食べ応えがあり好評である。（下山　哲一）

＊主要な野菜類
海老芋／人参／堀川ごぼう／椎茸／高野豆腐

＊使用するだし
一番だし

作り方は179頁

作り方は180頁

蕪鋳込み 胡桃《くるみ》巻繊《けんちん》

かぶを釜にして、巻繊地を詰めて蒸し上げた料理。かぶのおいしさを堪能させる一品だ。かぶは、昆布だしをベースとした煮汁でやんわりと煮含め、巻繊地を詰める。巻繊地は木綿豆腐と大和芋で仕込み、炒ったくるみ、揚げ餅、沖縄特産の豆腐ようを細かく刻んで混ぜ、味のアクセントにする。

＊主要な野菜類
かぶ／木綿豆腐／山芋／くるみ／人参／キクラゲ

＊使用するだし
昆布だし

緑筍《りょくちく》 松前焼き

夏場に出回る熊本や鹿児島産の緑筍の焼き物。えぐ味やクセがなく、下ごしらえなしで焼き物にできる。シンプルな調理法ながら、スィートコーンのように甘いと好評で、毎年、楽しみにしている常連客が少なくない。（下山　哲一）

＊主要な野菜類
緑筍／昆布

作り方は180頁

作り方は180頁

新里芋 山椒焼き

〝芋名月〟ともいわれる中秋の名月の頃にふさわしい焼き物。この時季から出回る、粘りが強くてやわらかい新里芋を使う。山椒の香りをきかせた田楽味噌で焼き、秋の気配を感じさせる風味で楽しんでいただく。りんごの皮を細く切って揚げたものを天盛りにする。

＊主要な野菜類
里芋
＊ポイントとなる調味材料
青山椒入りの白玉味噌

新技多彩 和食の野菜料理

たれ・調味料で多彩な味わいを工夫

素材自体の味がおだやかな分、たれやドレッシングなど調味料のおいしさで味わうことも野菜料理の楽しみでしょう。野菜は一般に水分の含有量が多いので、そのコントロールと焼き方の技術が大切です。

作り方は181頁

ぜんまい白酢かけ

ぜんまいに豆腐を使った白酢を組み合わせることはよくある仕事だが、ここでは、白酢は、豆腐のほか汲み上げ湯葉や生クリーム、クリームチーズも加えてコクとなめらかさ、酸味を出したもの。ぜんまいは、下ごしらした後に鶏ガラ、イリコ、カツオ節の合わせだしをベースにして味を含めてある。

＊主要な野菜類
ぜんまい

＊ポイントとなる調味材料
生湯葉とクリームチーズ／生クリーム入りの白酢あん

＊使用するだし
鶏ガラとイリコとカツオ節の合わせだし

作り方は181頁

トマト 玉葱 アボカドの 山葵ドレッシングかけ

わさびの辛味と風味がきいた爽快なドレッシングで楽しむ夏向きのサラダ。甘味の強いフルーツトマト、アボカドのなめらかでコクのある味、玉ねぎの風味が一体となった味わいが魅力である。

＊主要な野菜類
フルーツトマト／玉ねぎ／アボカド
＊ポイントとなる調味材料
わさびドレッシング
＊使用するだし
昆布だし

作り方は181頁

重ねサラダ マヨ胡麻ドレッシング

枝豆、かぶ、キウイ、トマト、アボカドを重ねて押し、野菜類の色彩の美しさと端正な仕事を見せるサラダ。ドレッシングは、レモン汁や胡麻油に当たり胡麻やマヨネーズなどを合わせてコクを出し、美しくぐるりと敷く。

＊主要な野菜類
枝豆／かぶ／キウイ／トマト／アボカド

＊ポイントとなる調味材料
マヨネーズと胡麻入りドレッシング

水茄子 からしネーズ和え

水分が多く、肉質がやわらかな水茄子と鯛の昆布じめを取り合わせた和え物。あっさりした材料に対して、和え衣は、マヨネーズにとろけるチーズ、洋がらしを合わせてコクを出したもので、ビールやワインにも合う一品になる。

＊主要な野菜類
水茄子
＊ポイントとなる調味材料
からし入りマヨネーズ
＊使用するだし
昆布だし

作り方は181頁

作り方は182頁

豆サラダ 梅クリームソース

豆だけを使った和え物風のサラダ。花豆、白いんげん、黒豆、グリーンピースをやわらかく茹でて、おねば（粥の上澄み）でなめらかなソース状に仕上げた梅肉のドレッシングで和える。豆は良質なたんぱく質やビタミン類を含み、健康意識が高いお客様に人気がある素材だ。

＊主要な野菜類
花豆／白いんげん／黒豆／グリンピース／そら豆
＊ポイントとなる調味材料
梅肉と胡麻油入りのソース

作り方は182頁

蒸し丸大根 生姜味噌ネーズ

風呂吹き大根の仕事を生かした大根のサラダ。丸くむいた大根を昆布だしをきかせて1時間ほどかけて蒸し、生姜と信州味噌の風味を取り入れたドレッシングで楽しんでいただく。時間をかけて蒸すことで、大根の甘味が増す。蒸し汁には昆布茶も加える。

＊主要な野菜類
大根
＊ポイントとなる調味材料
生姜と胡麻油、信州味噌入りのマヨネーズ
＊使用するだし
昆布だし

作り方は182頁

山芋と木耳《きくらげ》のドレッシング和え

山芋とキクラゲの歯ざわりのよさを楽しませる和え物。キクラゲは、戻してからイリコと昆布とカツオ節のやや濃厚なだしを使った八方だしに含める。ドレッシングは、すりおろしたりんごや土佐醤油を合わせた、さっぱり味のもの。

＊主要な野菜類

山芋／キクラゲ

＊ポイントとなる調味材料

土佐醤油のドレッシング

＊使用するだし

イリコと昆布とカツオ節の合わせだし

作り方は182頁

焼き白菜巻き サワークリームドレッシング

ひと晩風干しにした白菜の葉で、グリーンアスパラガス、うど、ぜんまいを芯にして巻く。干すことで白菜の葉の甘味が増し、白菜のおいしさを再発見させる料理だ。仕上げにバーナーで焼き目を付けて香ばしさを出す。サワークリームや胡麻油を使ったコクのあるドレッシングが合う。

＊主要な野菜類
白菜／グリーンアスパラガス／うど／ぜんまい
＊ポイントとなる調味材料
サワークリームや胡麻油入りのドレッシング
＊使用するだし
一番だし

アスパラの土佐煮

グリーンアスパラガスとホワイトアスパラガスを、イリコと昆布とカツオ節がきいただしを使ってさっと煮含めた風味のよい野菜料理。油で揚げてコクを出したカツオ節をまぶして風味よく味わっていただく。練りウニに卵黄を合わせて薄く焼いた錦糸ウニを彩りよくのせる。

＊**主要な野菜類**
グリーンアスパラガス／ホワイトアスパラガス
＊**ポイントとなる調味材料**
花カツオ／錦糸ウニ
＊**使用するだし**
イリコと昆布とカツオ節の合わせだし

作り方は183頁

作り方は183頁

茄子の梅酒煮

フライパン1つで手軽に調理できる炒り煮風の煮物。輪切りにした茄子をフライパンに油を引いて手早く火を通し、梅酒に昆布だし、薄口醤油の合わせ調味料を加え、ゆっくりと煮含める。茄子はきちんとアクを抜いてから用いること。

＊主要な野菜類
長茄子
＊ポイントとなる調味材料
梅酒入りの煮汁
＊使用するだし
昆布だし

作り方は183頁

筍酒盗焼き

出回り始めた頃のやわらかい筍を皮付きのまま焼いた、シンプルながら存在感のある焼き物。鮮度のよい筍の皮のやわらかさとえぐ味のなさは、それだけでもご馳走だ。酒盗を酒で煮出して旨味を強めたたれでかけ焼きにし、食欲をそそる風味に。かぶの甘酢漬けときゃら蕗を添える。

＊主要な野菜類
筍
＊ポイントとなる調味材料
酒盗入りの焼きだれ

酒盗の焼きだれ

酒盗醤油は、酒盗を酒で煮溶かして酒盗汁を作り、そこに濃口醤油、味醂、ひとばん昆布を浸した昆布酒を合わせる。添え醤油にも使える。

作り方は183頁

新玉葱
胡麻醤油焼き

早生の新玉ねぎを1個丸ごと使った、ユニークな焼き物。玉ねぎは、いったん油で素揚げにしてあり、甘味を強めると同時に形を崩れにくくしておく。これに、黒の煎り胡麻を使った香ばしい醤油をかけてオーブンで焼く。天に盛った黄柚子も油で揚げてある。

＊主要な野菜類
玉ねぎ
＊ポイントとなる調味材料
卵の素入り胡麻醤油

作り方は183頁

蕗《ふき》の梅肉田楽

鮮やかな蕗の緑と香ばしい焼き目が付いた田楽味噌が、思わず箸を取らせる一品。蕗はしんなりするまで風干しにしてから用いる。田楽味噌は梅肉を加えて酸味をプラスする。はちみつも加えて美しいつやを出す。

＊主要な野菜類
蕗

＊ポイントとなる調味材料
梅肉と玉味噌入りの田楽味噌

作り方は184頁

蕨の木の芽田楽

わらびに木の芽たっぷりの田楽味噌をのせ、香ばしく焼いた。わらびと木の芽の組み合わせは、春の訪れが嬉しくなる一品。わらびの形を生かし、串打ちをしてから田楽味噌をのせて焼き目を付ける。

＊主要な野菜類
わらび
＊ポイントとなる調味材料
木の芽入りの田楽味噌
＊使用するだし
イリコと昆布とカツオ節の合わせだし

作り方は184頁

焼きアスパラ からし醬油ドレッシング

グリーンアスパラガスとホワイトアスパラガスの色の対比がさわやかな、初夏の一品。アスパラはかために茹で、昆布を加えた酒に浸して下味を付けてから、バーナーで焼き色を付ける。和がらしをきかせたドレッシングを敷く。

＊主要な野菜類
グリーンアスパラガス／ホワイトアスパラガス

＊ポイントとなる調味材料
和がらしと胡麻油入りドレッシング

作り方は184頁

芽キャベツ味噌素焼き

葉がやわらかく、甘味のある芽キャベツを女性好みのグラタン風の焼き物に。こんがりと焼くソースは、玉子の素に白味噌を練り合わせた和食ならではの味づくりが魅力。生の桜海老を混ぜてちょっと商品価値を高める。

＊主要な野菜類
芽キャベツ
＊ポイントとなる調味材料
西京味噌と卵の素の焼きだれ
＊使用するだし
ソップだし

作り方は184頁

ホワイトアスパラ胡麻醤油焼き

味の淡白なホワイトアスパラを、香り高い胡麻醤油をのせて香ばしく焼いた料理。胡麻醤油は黒の煎り胡麻に濃口醤油、赤酒、鶏ガラのだしを合わせてコクを出す。強めに焼いて少し焦がすことで胡麻醤油ならではのおいしさが生まれる。

＊主要な野菜類
ホワイトアスパラガス
＊ポイントとなる調味材料
胡麻醤油
＊使用するだし
ソップだし

作り方は185頁

ゴーヤ胡桃《くるみ》田楽

食べ慣れない人には特有の苦味が敬遠されやすいゴーヤだが、油で揚げると苦味が和らぎグッと食べやすくなる。それに、濃厚な旨味に富む八丁味噌にくるみを混ぜた田楽味噌をぬって焼き、香ばしい焼き物として工夫した。

＊主要な野菜類
ゴーヤ／くるみ
＊ポイントとなる調味材料
赤玉味噌と梅肉入りの田楽味噌

作り方は185頁

干し茄子バター焼き

長茄子を素焼きし、さらに風干ししておいしさを引き出し、バター焼きに。そのままバター焼きにした茄子より甘味が際立ち、茄子の食べ方の可能性を広げる一品である。干し茄子は焼き物以外にも、酢の物、天ぷらなどにも応用できる。野菜を干すという昔ながらの仕事から学ぶものは多い。

＊主要な野菜類
長茄子
＊ポイントとなる調味材料
バター

茄子は、焼いて皮をむき、重石をかけて中の水分を抜く。その後、金串などに通して2～3日間風干しにする。

茸と薄揚げ魚醤焼き

きのこと薄揚げの焼き物としての一品。能登の魚醤、いしりを使って調味し、香りと味に深みを出した。きのこは、松茸のほか、白アワビ茸、舞茸、柳松茸、丹波しめじを使う。魚醤を加えた黄味醤油をかけ、濃厚さをプラスする。（下山　哲一）

＊主要な野菜類
松茸／白アワビ茸／柳松茸／丹波しめじ／薄揚げ

＊ポイントとなる調味材料
いしり（魚醤）入りの黄身醤油

作り方は185頁

無花果《いちじく》の田楽

果物のいちじくを料理素材として用いた、日本料理の古い仕事の一つ。いちじくは煮る、蒸す、揚げるなどにも使えるので、使いこなしたい食材だ。ここでは揚げ銀杏を混ぜ合わせた田楽味噌を付けて焼き、いちじくの甘味と田楽味噌、銀杏が溶け合った濃厚な味を楽しんでいただく。青じその素揚げを天に盛る。

＊主要な野菜類
いちじく
＊ポイントとなる調味材料
白玉味噌の田楽味噌

作り方は185頁

海老芋の梅だれ焼き

関西の料理には欠かせない、海老芋の焼き物。六方にむいた海老芋に、すき焼き風の甘辛いたれに裏漉しした梅肉を合わせた地をかけながらじっくりと火を通す。海老芋のねっとりとした粘りと、たれの酸味のある甘味のハーモニーを楽しませる。

＊主要な野菜類
海老芋
＊ポイントとなる調味材料
梅だれ

作り方は185頁

作り方は186頁

ブラウンマッシュルーム焼き金山寺和え

見た目には和食らしい小鉢だが、ブラウンマッシュルームを素揚げして、スダチのしぼり汁と溶かしバターを合わせてからめ、金山寺味噌で和えた和洋融合の一品。油脂の旨味を足して味に奥行きを出し、さらに、金山寺味噌は天火で焼いて香ばしさを出すので、存在感のある酒肴になる。

＊主要な野菜類
ブラウンマッシュルーム
＊ポイントとなる調味材料
すだち／バター／金山寺味噌

蕪の蕗味噌焼き

独特の芳香と苦みが好まれる蕗のとうを、信州味噌にすり混ぜ、かつらにむいた聖護院かぶで巻いて焼く。地味ながら食通好みの酒の肴だ。蕗味噌には炒った松の実も混ぜて、食感のよさを高めた。かぶは風干しにして水分を抜いて巻きやすくする。

＊主要な野菜類
聖護院かぶ
＊ポイントとなる調味材料
蕗味噌

作り方は186頁

新技多彩
和食の野菜料理

だしの旨味でもっとおいしく

だしは、野菜の味を何倍にもおいしくする重要な存在。野菜の特徴ごとにだしを使い分けることで、味の濃淡が生まれて魅力も変わります。だしを駆使して生まれる、煮物やお椀、すり流し、鍋物などの料理を紹介します。

作り方は186頁

芋茎《ずいき》 水菜 薄揚げの 美名《よしな》巻き煮

淡白なズイキと歯ざわりのよい水菜を取り合わせ、伊達巻風にした煮物料理。伊達皮には魚のすり身がよく使われるが、ここでは裏漉ししたじゃが芋に卵黄や卵の素、上新粉を練り合わせて調味して厚く焼き、薄揚げを重ねて巻く。紅葉に抜いて淡味に煮含めた人参を吹き寄せのようにあしらって風情を出す。

＊主要な野菜類
ズイキ／水菜／薄揚げ
＊使用するだし
イリコと昆布と鶏ガラの合わせだし／鶏ガラとイリコとカツオ節の合わせだし

作り方は187頁

菠薐草《ほうれんそう》薄皮巻き

ほうれん草の裏漉しを加えた生地で薄皮を焼き、しらたきを巻いた一品。しらたきは、昆布だしにコンビーフを加えて煮出した旨味が強いスープで煮含めておく。牛肉に桜味噌を練り合わせたコクのある肉味噌を敷き、見た目以上に存在感のある一品になる。

＊主要な野菜類
ほうれん草／しらたき
＊使用するだし
昆布だしとコンビーフの合わせだし

作り方は187頁

筍のすり流し

蕨　木の芽

鮮度のよい筍を生のまますりおろして仕込む贅沢なすり流し。吸い地のベースは昆布だしを使う。肉質のやわらかな朝掘りの新鮮な筍を使い、食感を残す程度に粗くすりおろす。１合の吸い地に30ｇほどの筍を使う。

＊主要な野菜類
筍／わらび
＊使用するだし
一番だし／昆布だし

清まし仕立て

木の芽豆腐　焼き薄揚げ

春らしい木の芽豆腐を椀種にした香り高い汁物。木の芽豆腐は、昆布だしにほうれん草の裏漉しや吉野葛粉を混ぜてよく練り、木の芽をたっぷりと加えて冷やし固める。吸い地は、カツオ節とマグロ節から引く一番だし。

＊主要な野菜類
ほうれん草／木の芽

＊使用するだし
一番だし／昆布だし

作り方は187頁

菠薐草《ほうれんそう》すり流し

百合根　花山椒

ほうれん草をたっぷり使った吸い地と花山椒の鮮やかな緑の中に、真っ白な百合根を浮かせた、色の対比が美しいお椀。ほうれん草は茹でてミキサーにかけてペースト状にし、一番だしに加えて薄葛を引く。花山椒は、酒煎りして色を出す。

＊主要な野菜類
ほうれん草／百合根

＊使用するだし
一番だし

作り方は188頁

山葵《わさび》汁仕立て
胡桃豆腐　おろし山葵

わさびの緑を生かした、爽やかな風味を楽しませるすり流し。すり流しに加えるわさびは酒で煎ってからすりおろすため、辛味はやわらぎ、上品な香りがほどよく残る。椀種は胡桃豆腐。だしは一番だしを合わせる。

＊主要な野菜類
わさび／くるみ
＊使用するだし
一番だし／昆布だし

作り方は188頁

冷やし枝豆すり流し
南瓜　水がらし

枝豆を使ったやわらかな緑色が印象的なすり流し。椀種は、黄色が鮮やかな南瓜の蒸し煮。あっさりとして見えるが、鶏ガラと焼きアゴを使った合わせだしを地にしているので、なかなか濃厚な旨味がある。そら豆やえんどう豆で応用してもよい。

＊主要な野菜類
枝豆／南瓜
＊使用するだし
イリコと昆布とカツオ節の合わせだし／鶏ガラと焼きアゴと昆布の合わせだし

作り方は188頁

作り方は188頁

冷やし新牛蒡すり流し

蓴菜　梅肉

主役は、初夏のやわらかくて香り高い新ごぼう。新ごぼうをすりおろしてガーゼに包み、酢水に浸してもみ洗いしてから使う。口当たりのなめらかなじゅんさいを合わせてのどごしをよくする。新ごぼうは少量でもかなり香りが強いので、使い過ぎに注意する。天盛りしているのは梅肉。

＊主要な野菜類
ごぼう／じゅんさい
＊使用するだし
鶏ガラとイリコとカツオ節の合わせだし

作り方は189頁

焼き米仕立て

里芋　なめ茸
青唐辛子

椀種は里芋で、汁の具はなめこ。〝焼き米〟をだしに加え、香ばしさをプラスし、収穫の秋を存分に表現した椀物。物足らないことがないように、だしは鶏ガラとイリコ、カツオ節の合わせだしを使う。天盛りしているのは青唐辛子を細く切ったもの。

＊主要な野菜類
里芋／なめこ／米

＊使用するだし
鶏ガラとイリコとカツオ節の合わせだし

焼き米

"焼き米"とは本来、米を籾付きのまま炒って搗き、籾を取り除いて食用にした備蓄食の一つ。ここでは米をフライパンで炒って香ばしく焼き色を付け、吸い地に加えて香りを出す。

冬瓜すり流し

焼き茄子　かんずり

冬瓜と、鶏ガラやイリコ、カツオ節の風味が濃厚な合わせだしを組み合わせ、冬瓜の淡白さを生かしたすり流し。椀種は焼き茄子で、焼き目を残すように仕上げ、濃口醤油と酒で下味を付けておく。天盛りしてあるのはかんずり。

＊主要な野菜類
冬瓜／茄子
＊使用するだし
鶏ガラとイリコとカツオ節の合わせだし

作り方は189頁

松茸すり流し

焼き松茸　菊菜　柚子

松茸の軸を細かく砕いてすり流しの地に取り入れた、日本料理ならではのお椀。傘の部分は椀種として使い、存在感を出す。軸を使うのは料亭などで行われてきた昔からの仕事の一つで、吸い物の他、土瓶蒸しや茶碗蒸し、炊き込みご飯にも活用する。

＊主要な野菜類
松茸／菊菜
＊使用するだし
一番だし

作り方は189頁

人参と百合根のすり流し

かき百合根

人参と百合根を同割で合わせたすり流し。上品な色合いとおだやかな甘味が魅力だ。人参は皮ごと使って甘味を引き出し、百合根は細かく砕いてやわらかく蒸し、裏漉しにかけてから使う。ベースのだしは、鶏ガラと焼きアゴ、昆布の合わせだし。

＊主要な野菜類
人参／百合根
＊使用するだし
鶏ガラと焼きアゴと昆布の合わせだし

作り方は189頁

蕪すり流し

揚げ山芋　おろし山葵

かぶをすりおろした冬らしいすり流し。吸い地には鶏ガラ、イリコ、カツオ節の風味が強い合わせだしを使い、葛でとろみを付ける。椀種は山芋をすりおろして揚げたもので、薄口醤油で調味し、マヨネーズを隠し味に使う。

＊主要な野菜類
かぶ／山芋
＊使用するだし
鶏ガラとイリコとカツオ節の合わせだし

作り方は190頁

作り方は190頁

洗い味噌仕立て

独活　田芹　山椒

味噌汁の上澄みを張った、清ましとはひと味違う風味が魅力のお椀。椀種は、うどやセリのようなあっさりとした野菜がよく合う。その分、だしは、鶏ガラと焼きアゴ、昆布を使う風味の強い合わせだしを使う。吸い口は山椒。あしらいは長ねぎの素揚げ。

＊主要な野菜類
うど／田ゼリ
＊使用するだし
鶏ガラと焼きアゴと昆布の合わせだし

作り方は190頁

独活 里芋 胡瓜の漬け物鋳込み

うどに柴漬け、里芋にはたくあん、胡瓜には奈良漬けと、それぞれ煮汁で味を含ませた野菜に漬け物を鋳込んで大皿盛りにした夏らしさが魅力の煮物料理。漬け物は粗くみじん切りにし、野菜に鋳込む。鶏ガラと焼きアゴのだしに水溶き葛を加えた銀あんをたっぷりと張る。素揚げしたごぼうをあしらう。

＊主要な野菜類
うど／里芋／胡瓜
＊使用するだし
鶏ガラと焼きアゴと昆布の合わせだし

作り方は191頁

冬瓜　山葵の清涼煮
小茄子の揚げ煮

清涼感があふれる夏の炊き合わせ。材料の持ち味に応じて、だしを使い分ける。冬瓜は鶏ガラと焼きアゴのコクのあるだしで旨味を補う。山葵は1本のまま細かく針打ちして酒炒りし、辛味を抜いて昆布だしの煮汁でやわらかくなるまで煮含めておく。小茄子は揚げて、薄口八方だしで炊く。

＊主要な野菜類
わさび／冬瓜／茄子
＊使用するだし
一番だし／鶏ガラと焼きアゴと昆布の合わせだし

南瓜　寄せ椎茸　菊菜

大きめの木の葉にむいた南瓜の含め煮、寒天とゼラチンを混ぜて美しく寄せた椎茸、菊菜のお浸しの盛り合わせ。技術を見せる煮物という面だけではなく、素材に合わせてだしを使い分け、野菜の持ち味を引き出す。前盛りにした梨の細切りは口直し用。

＊主要な野菜類
南瓜／椎茸／菊菜
＊使用するだし
鶏ガラと焼きアゴと昆布の合わせだし

作り方は191頁

作り方は191頁

大根昆布巻き

昆布巻きというと、白焼きにした小魚や身欠き鰊を中に巻くが、これを大根でアレンジ。吉原切りにした大根を鶏ガラや焼きアゴなどのコクのあるだしで煮含めてある。甘酢で炊いた白板昆布で巻き、三つ葉で留める。

＊主要な野菜類
大根／白板昆布
＊使用するだし
鶏ガラと焼きアゴと昆布の合わせだし

作り方は191頁

大根粕煮 焼き葱浸し 柿葛煮

冬場に甘味が増す大根の伝統的な酒粕煮と、オリジナルの柿の煮物。大根は、イリコや鶏ガラから取った合わせだしを主体とした煮汁でやわらかく煮含め、冷めにくく、体が温まる酒粕煮に。柿は塩茹でにしてから、だし、酒、薄口醤油、塩でさっと煮含め、葛打ちしてなめらかな口当たりに煮上げる。柿はかたいものを選ぶ。

＊主要な野菜類
大根／長ねぎ／柿
＊使用するだし
鶏ガラとイリコとカツオ節の合わせだし

作り方は192頁

里芋昆布煮　寒筍煮　三つ葉浸し

鶏ガラと焼きアゴのだしをベースにした煮汁で里芋を白く煮上げ、その煮汁をゼラチンの生地として寄せた上品な煮物。だし用に使った昆布を活用し、里芋を挟んで切る。筍はやわらかい穂先を使い、昆布、カツオ節がきいた酒八方だしでじっくり煮含める。

＊主要な野菜類
里芋／筍／三つ葉
＊使用するだし
イリコと昆布とカツオ節の合わせだし／鶏ガラと焼きアゴと昆布の合わせだし

作り方は192頁

葱の梅干し煮 煎りジャコのせ

肉質がやわらかく、甘味が強い下仁田ねぎを使った一品。下仁田ねぎは生では辛みが強いが、焼いたり煮たりする加熱によって他のねぎにはない独特の甘味が引き出される。煮汁には梅干しを加えて酸味を添え、さらさらに煎ったジャコを天盛りに。これらのハーモニーがクセになる味わいを生み出す。

＊主要な野菜類
下仁田ねぎ／梅干し
＊使用するだし
昆布だし／ソップだし

里芋の胡麻汁鍋

里芋や干し椎茸、菊菜、大輪麸といった精進系の具材を、たっぷりの当たり胡麻とともに味わいを深めた鍋料理。だしは、鶏ガラ、焼きアゴ、昆布の合わせだしなので旨味が強い。白胡麻を、炒って当たってから酒をたっぷりと加え、薄口醤油、赤酒で味を調えて鍋地に加える。

＊主要な野菜類
里芋／菊菜／椎茸／大輪麸

＊ポイントとなる調味材料
胡麻

◉鍋の地
白胡麻入りの、鶏ガラと焼きアゴと昆布の合わせだし

作り方は192頁

梅鍋

野菜を美しくむき、庖丁技術と野菜の持ち味を楽しませる。人参はねじり梅に、里芋は鶴の子に、椎茸は亀甲に、蕪は六方にむく。鍋地のだしは、鶏ガラ、焼きアゴ、昆布からとる合わせだしにコンビーフをプラスして煮出し、濃厚さを加えており、野菜だけでもあっさりし過ぎることはない。

＊主要な野菜類
人参／里芋／かぶ／椎茸／筍

◉鍋の地　コンビーフ入りの、鶏ガラと焼きアゴと昆布の合わせだし

作り方は193頁

おろし野菜の団子鍋

山芋、大根、人参、ごぼう、南瓜、里芋をそれぞれすりおろして、食べやすいひと口状の団子にした楽しい小鍋。鍋地はイリコと昆布とカツオ節のだしに酒、薄口醤油、赤酒を合わせる。山芋の団子は丸めてから油で揚げ、コクを出すひと手間をかける。大根、かぶ、人参、蓮根、ごぼうの団子は、生地にラードを加えて油脂の旨味をプラスする。

＊主要な野菜類
山芋／大根／かぶ／人参／蓮根／ごぼう／南瓜／里芋

◉鍋の地　イリコと昆布とカツオ節の合わせだし

作り方は193頁

玉葱の落花生味噌鍋

脂質やたんぱく質に富む落花生を当たり、鍋地に白味噌とともに溶かし混んだ濃厚な風味が魅力の鍋。ベースのだしは、鶏ガラ、イリコ、カツオ節の合わせだし。具材は玉ねぎと焼き豆腐、ほうれん草。玉ねぎは、横に隠し庖丁を入れて食べやすくしておく。焼き豆腐は薄い塩水に浸して崩れにくくする下ごしらえをする。

＊**主要な野菜類**
玉ねぎ／ほうれん草／焼き豆腐

◉**鍋の地**　落花生と白味噌入りの、鶏ガラとイリコとカツオ節の合わせだし

作り方は193頁

野菜の沢煮鍋

長ねぎ、松茸、ほうれん草、ごぼう、梨を取り合わせた個性的な材料使いが特徴。均一に火が通るように揃えて切り、鍋でさっと煮て、からし醤油を付けながら味わう。鍋地は鶏ガラベースのソップだしで、揚げ玉を加えてコクを出した。からし醤油は、濃口醤油に和がらし、大根おろし、胡麻油を加える。

＊主要な野菜類
長ねぎ／松茸／ほうれん草／梨／ごぼう

◉鍋の地
揚げ玉入りのソップだし

作り方は193頁

湯葉と茸の野菜鍋

白菜や大根の野菜に平茸や舞茸、松茸など5種類の茸類、さらにしみじみとした旨味がある庄内麩や生湯葉を取り合わせた鍋。鍋地は、あっさりと見えるが、昆布だしに魚醤のいしりを加えて、ちょっとクセになる風味を持たせる。胡桃入りの醤油で味わっていただく。

＊主要な野菜類
生湯葉／大根／白菜／平茸／舞茸／松茸／庄内麩

＊ポイントとなる調味材料
くるみ汁

◉鍋の地
いしり入りの昆布だし

作り方は194頁

キャベツ　大根　薄揚げの鍋
胡麻ポン酢

キャベツや大根、薄揚げをしゃぶしゃぶ風に楽しむ鍋料理。キャベツは葉をはがしてさっと湯がき、細く切る。大根は平麺のように切り、水と酒を合わせた玉酒に浸してしんなりとさせておく。薄揚げは自家製で、水切りした豆腐を薄く切って油で揚げる。鶏ガラと焼きアゴ、昆布のだしを使った鍋地でさっと火を通し、胡麻ポン酢で、さっぱりとした味を楽しませる。

＊主要な野菜類
キャベツ／大根／薄揚げ
＊ポイントとなる調味材料
胡麻入りポン酢

◉鍋の地
鶏ガラと焼きアゴと
昆布の合わせだし

作り方は194頁

漬け物鍋

漬け物を材料にしたユニークな鍋。べったら漬け、奈良漬け、千枚かぶ、人参の浅漬け、ザーサイ、白菜漬け、野沢菜などを使う。漬け物に塩分が含まれるので、鍋地には酒や赤酒をたっぷりと使い、揚げ玉を加えて塩分と調和する味づくりをする。だしは、鶏ガラ、焼きアゴ、昆布の合わせだし。

＊主要な野菜類
べったら漬け／奈良漬け／千枚かぶ／ザーサイ／白菜の浅漬け／野沢菜

＊ポイントとなる調味材料
割りポン酢

◎鍋のだし
鶏ガラと焼きアゴと昆布の合わせだし

作り方は194頁

和食の野菜料理に不可欠な6種のだし

日本料理に欠かせないだしは、野菜を活かす料理にも重要です。野菜の持ち味を支えることはもちろん、野菜だけではあっさりし過ぎて物足らないとき、料理全体に旨味やコクを補うからです。

だしは、伝統的なカツオや昆布から引くだし、ソップだしと呼ばれる鶏のだしがよく知られ、野菜を使うときは、それらに加え、さらに味や風味の強い合わせだしを取り入れたいところです。

ここで紹介する3種の合わ

一番だし

昆布とカツオ節で旨味を引き出した、和食店ならば必ず用意するだし。私はマグロ節も使い、よりすっきりして旨味があるだしにしている。椀物の吸い地を代表とし、煮物の煮汁や蒸し物、合わせ酢や合わせ調味料を割るときなどに使う。あしらい用の材料に下味を付けるときもよく使う。コストを考える必要があるときは、一番だしの残りの材料を活用した二番だしを使う場合もある。

〈材料〉
水…1.8ℓ、昆布…30g、塩…小さじ1、カツオ節（血合い抜き）…30g、マグロ節（血合い抜き）…30g

〈作り方〉
①鍋に水と昆布、塩を加えて6時間以上浸しておく。
②鍋を火にかけ、数十分かけて70℃までゆっくりと温度を上げ、60~70℃を保って15分かけて昆布を煮出す。その後昆布を取り出す。
③火力を全開にして沸騰直前まで急いで温度を上げ、カツオ節とマグロ節を加えてすぐ火を消す。
④節が沈んだらネル地を敷いたざるで漉す。すぐ使わない場合は、急いで冷やして保存する。

昆布だし

昆布の旨味を楽しませるだし。椀物の吸い地や鍋物の地の他、食材に下味を付けたり、合わせ調味料を割ったり、糝薯や葛練豆腐の生地を調節するなどに欠かせない。昆布だしに含まれるグルタミン酸と、他の材料の旨味成分を組み合わせると相乗効果により旨味が劇的に強まることを考え、組み合わせを工夫するのも料理人の仕事である。昆布は、真昆布や利尻昆布など、上質のものを使いたい。

〈材料〉
水…1.8ℓ、塩…小さじ1、昆布…50g

〈作り方〉
①前日に汲んでひと晩置いた水を鍋に張り、昆布と塩を加えてとろ火にかける。
②数十分かけて70℃までゆっくりと温度を上げながら昆布を煮出す。
③鍋の縁に気泡が立ってきたら昆布を取り出し、湯が沸騰したところで火を止める。
④すぐ使わない場合は、急いで冷やして保存する。

せだしは、どれも、イリコやアゴ（飛び魚）といった濃厚な旨味を含む材料に、昆布やカツオ節、鶏ガラ等のなじみのある材料を組み合わせ、旨味の相乗効果を狙いつつ、日本料理としてバランスがよいだしになるように試行錯誤したものばかりです。

どんな野菜に合わせるか、料理に使うかは、料理人の考え次第なので、工夫して取り入れてみてください。

基本のカツオや昆布の一番だし、鶏のだしと合わせて計6種類を、材料と作り方とともに説明します。

横井　清

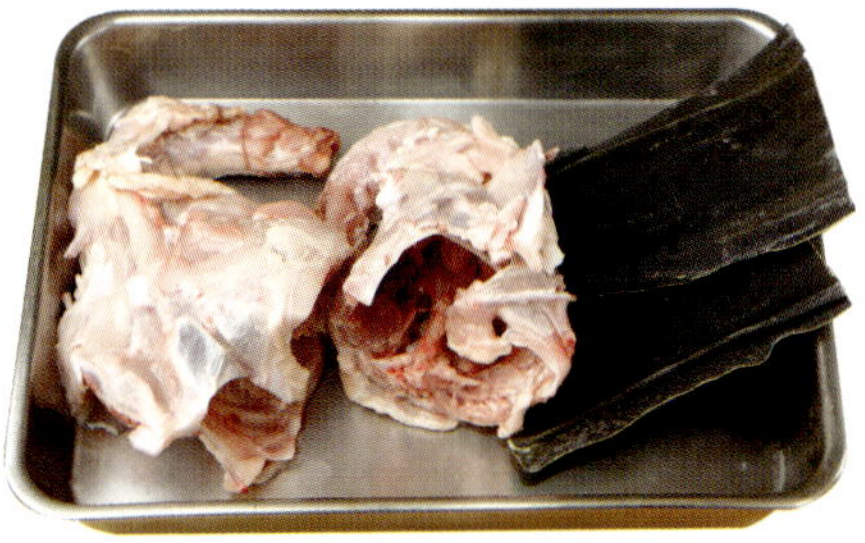

ソップだし

鶏ガラから取る、コクのある旨味の強いだし。野菜や乾物などの味が淡白な材料を使うときは、積極的に組み合わせ、旨味をプラスしておいしさを強める。肉類や脂の旨味とともに育っている世代のお客様には、味のベースとして欠かせない存在で、近年よく用いるようになった。鶏ガラで味が決まるので、鮮度のよいガラを仕入れること。

〈材料〉
水…2.7ℓ、鶏ガラ…2羽、昆布…20g、酒…180mℓ

〈作り方〉
① できるだけ鮮度のよい鶏ガラを求め、一度に湯をかけて血合いや汚れを取り除く。
② ひと晩汲み置きした水に、昆布、酒とともに鶏ガラを入れて火にかけ、ゆっくり温度を上げる。
③ 70～90℃の温度を保ち、アクをまめにすくってだしを濁らせないようにしながら20～30分ほど煮出す。
④ 味を見てだしが出ていたら火を止めて漉す。味が出ていないときは、さらに煮出す。漉しただしは、すぐ使わない場合は、急いで冷やして保存する。

イリコと昆布とカツオ節の合わせだし

イリコ、昆布、カツオ節を使う、ややコクのあるだし。だし用のイリコは、カタクチイワシを焼いてから天日干しにしたもの。煮干しと同様に、頭と腸ワタの部分を取り除いてから使う。これ単独で取るだしは、味噌汁や佃煮などの濃い味の料理に使われる。昆布やカツオ節と合わせて取ることで、吸い物の味にコクを強めたり、淡白な素材に旨味をのせる役割をする。

〈材料〉
水…1.8ℓ、カツオ節（血合い抜き）…50g、イリコ…30本、昆布…30g

〈作り方〉
① 水に昆布と塩を入れてひと晩置く。
② 頭とワタを取り除いたイリコを加え、20分置く。
③ 火にかけてゆっくりと温度を上げ、70℃になったら昆布とイリコを取り出す。
④ 火力を強め、沸騰したらカツオ節を加える。1分ほど加熱したらすぐに火を止める。
⑤ 表面のアクを寄せて取り除き、ざるに目の細かいネルを敷き、だしを静かに漉す。

鶏ガラと焼きアゴと昆布の合わせだし

鶏ガラ、焼きアゴ、昆布から取る、非常にコクがあるだし。コクがありながら上品な味わいが特徴である。野菜に濃厚な旨味を加えたいときや吸い地に上品なコクを持たせたいときに使う。そのため、すり流しや鍋物の地には欠かせない。焼きアゴとは、トビウオを焼いて天日干しにしたもの。主な産地は西日本で、うどんやそばのだし、最近ではラーメンのだしによく使われる。

〈材料〉
水…1.8ℓ、鶏ガラ…1羽、焼きアゴ…30本、昆布…30g

〈作り方〉
① 水に昆布と塩を入れてひと晩置く。
② 鶏ガラはぶつ切りにし、熱湯にくぐらせて霜降りする。水に落として汚れや血合いを取り除き、水気をふく。
③ ①の鍋に鶏ガラ、頭とワタを取った焼きアゴを入れて、中火でゆっくり煮出す。
④ 70℃ほどになったら、昆布と焼きアゴを取り出す。
⑤ 沸騰させない状態を保ち、アクを引きながら2時間煮出す。
⑥ ざるに目の細かいネルを敷き、だしを静かに漉す。

鶏ガラとイリコとカツオ節の合わせだし

鶏ガラ、イリコ、カツオ節から取る非常に濃厚で、香りもよいだし。あっさりした野菜を、コクのある料理に仕上げたいときに使う。例えば、筑前煮のように本来はだしを使わずに、鶏肉から出る旨味を利用する料理では、鶏肉を使わない代わりにこのだしを加えて煮ると、野菜類をとてもおいしくすることができる。すり流しや鍋物の地にも活用する。

〈材料〉
水…1.8ℓ、鶏ガラ…1羽、イリコ…20本、カツオ節（血合い抜き）…50g

〈作り方〉
① 前日に水を汲み置き、ひと晩置く。
② 鶏ガラはぶつ切りにし、熱湯にくぐらせて霜降りする。水に落として汚れや血合いを取り除き、水気をふく。
③ 鍋に①の水と鶏ガラ、頭とワタを取り除いたイリコを入れ、中火でゆっくり煮出す。
④ 70℃ほどになったらカツオ節を一度に加える。
⑤ 沸騰させない状態を保って、アクを引きながら2時間煮出す。
⑥ 火を止め、ざるに目の細かいネルを敷き、だしを静かに漉す。

新技多彩 和食の野菜料理

魚介や肉をプラスして魅力を強める

野菜に魚介や肉類を組み合わせることで、料理の付加価値を高め、おいしさもアップすることができます。ボリュームを求めたり視覚的な魅力を求めるお客様を対象としたときに、効果的に取り入れましょう。

ハモの白子の淡路揚げ

関西の日本料理の仕事として知られる、ハモと玉ねぎの出会いを楽しむ一品。どちらかというとあっさりして、ハモの季節になったことを告げる役割が大きい料理である。この組み合わせでかき揚げを作っても美味。ハモの白子の味が淡いので、ここでは鶏ガラ、焼きアゴ、昆布の合わせだしを使って下味を付ける。

＊**主要な野菜類**

玉ねぎ／海苔

＊**使用するだし**

一番だし／鶏ガラと焼きアゴと昆布の合わせだし

作り方は195頁

作り方は195頁

玉葱桃《もも》子《こ》和え

玉ねぎ、ハモの子、桃を取り合わせた和え物。良質の玉ねぎの産地で知られる淡路島では、玉ねぎをその丸々とした形から〝桃玉〟と呼ぶ地域があり、その呼び方をヒントにして考案。ハモの子と玉ねぎは出合いもので、初夏には欠かせない。ハモの子は持ち味が淡白なので、鶏ガラとイリコ、カツオ節から取る濃厚な合わせだしで下味を付ける。梅肉をきかせた和え衣で爽やかに味わっていただく。

＊**主要な野菜類**
桃／玉ねぎ

＊**ポイントとなる調味材料**
梅肉ソース

＊**使用するだし**
鶏ガラとイリコとカツオ節の合わせだし

菠《ほう》薐《れん》草《そう》の燈《とう》花《か》寄せ

ほうれん草をベースとして卵白を加えて焼き固め、その上にトコブシの塩蒸しや才巻海老、とうもろこし、南瓜を彩りよく盛り付け、たっぷりの銀あんをかける。あでやかさが魅力で、小鉢や前菜として提供。日本料理を食べ慣れている舌の肥えたお客様向けに、ひとひねりした料理としてお出しする。

＊主要な野菜類
ほうれん草／とうもろこし／南瓜
＊使用するだし
一番だし

作り方は195頁

作り方は196頁

南瓜ピューレの和え物

見た目はポテトサラダのような親しみのある印象。南瓜を茹でて裏漉しにかけ、昆布だしにコンビーフを合わせたスープでのばし、卵の素やマヨネーズ、白味噌で味を調え、独自の味を追求した。かまぼこや素揚げしたじゃが芋、干しぶどう、芝海老などを和える。

＊主要な野菜類
南瓜／じゃが芋／干しぶどう
＊ポイントとなる調味材料
マヨネーズ／卵の素／西京味噌
＊使用するだし
コンビーフ入りの昆布だし

アスパラすり流し

アサリでだしを取ったグリーンアスパラガスのすり流し。春らしい取り合わせとすり流しの緑色が美しい。具は、アサリとグリーンアスパラガスを道明寺粉で包んで揚げたもの。揚げることで、あっさりした中にも香ばしさが加わる。（下山　哲一）

＊主要な野菜類
アスパラガス
＊ポイントとなる調味材料
生クリーム／アサリ
＊使用するだし
昆布だし

作り方は196頁

赤パプリカ釜の冷やし炊き合わせ

赤パプリカを釜とし、中に南瓜や椎茸、里芋の炊き合わせ、トコブシの塩蒸しや才巻海老の塩茹でなどを詰めたカラフルな前菜。炊き合わせの中身を食べ終わったら、赤パプリカに庖丁を入れて食べやすくし、ドレッシングをかけて再度供する。赤パプリカ釜は、鶏ガラと焼きアゴを加えた合わせだしで下味を付ける。

＊主要な野菜類
赤パプリカ／椎茸／南瓜／里芋
＊使用するだし
一番だし／鶏ガラと焼きアゴと昆布の合わせだし

作り方は196頁

冬瓜の冷やし煮物

冬瓜を昆布と剣先イカの干物でだしを取り、そこに夏の煮物の定番の冬瓜や、生ひじきと糸こんにゃく、才巻海老を漬け込んで味をしみ込ませる。浸し地にとろみを付けて冷やしたあんをからめて提供する。食欲のない暑い時期にお勧めしやすい。（阿部　英之）

＊主要な野菜類
冬瓜／生ひじき／こんにゃく
＊使用するだし
剣先イカと昆布の合わせだし

作り方は197頁

茄子のいしり煮

昭和40年代の仕事を取り入れた炊き合わせ。茄子の色の上品な緑色の仕上がりを競い、カウンター割烹でよく提供されたものである。茄子は油で揚げてから皮をむき、ラップで包んで凍らせておく。鶏ガラとイリコ、カツオ節を使った合わせだしに能登産の魚醤のいしりを加えて汁を仕込み、茄子を凍ったまま浸して色が飛ばない工夫をする。

＊主要な野菜類
長茄子
＊ポイントとなる調味材料
いしり（魚醤）
＊使用するだし
鶏ガラとイリコとカツオ節の合わせだし／一番だし

作り方は197頁

干し冬瓜
枝豆海老糝薯《しんじょ》
八幡巻き

干した冬瓜で海老糝薯を包んで蒸し、とうもろこしのすり流しをからめながら味わっていただくやさしい味わいの一品。夏尽くしの素材で構成。冷たくしても温めてもよい。冬瓜はかつらむきにして風干ししてから使い、歯応えのよさや、冬瓜の淡い緑色の美しさ、干すことで出る甘味を楽しんでいただく。（髙橋　孝幸）

＊主要な野菜類
冬瓜／枝豆／大和芋／とうもろこし

＊使用するだし
昆布だし／ソップだし／一番だし

作り方は198頁

ゴーヤのきんぴら

緑と白の2色のゴーヤ、ミニトマトを炒め合わせた夏らしいきんぴら。市販のサラミも炒めて、旨味をプラスする。ゴーヤは、塩もみや茹でこぼしの下ごしらえをしてほどよく苦みを抜き、サラミの油脂分が加わることでマイルドな味わいに変わる。味付けは塩・胡椒がベース。加熱用ミニトマトのほのかな酸味が隠し味。（阿部 英之）

＊主要な野菜類
ゴーヤ（白・緑）／トマト

作り方は198頁

黄ズッキーニとあさりの潮《うしお》煮《に》

夏が旬のアサリの煮汁をだしに活かした煮物。材料は、黄色のズッキーニ、薄揚げ、ワカメ、ピーナツで、夏らしい素材を揃えた。アサリだけではあっさりしているので、薄揚げを使ってコクを加える。茹でピーナツがちょっとしたアクセントに。（阿部　英之）

＊主要な野菜類
ズッキーニ／薄揚げ／ピーナツ
＊使用するだし
アサリのだし

作り方は199頁

ズッキーニ 三種の炒め煮

白ズッキーニ、緑ズッキーニ、縞ズッキーニの3種のズッキーニを主役に、がんもどきや花ニラも加え、夏野菜を彩り豊かに使った炒め煮。煮汁は、昆布だしに炒めたベーコンを加え、八方だしとして味を調えたもの。天盛りした昆布は市販品で、肉厚の昆布を斜め方向に削って旨味をきかせたもの。（阿部　英之）

＊主要な野菜類
ズッキーニ（白・緑・縞）／がんもどき／花ニラ
＊使用するだし
昆布だし

作り方は199頁

鶏手羽と野菜の炊き合わせ

鶏の手羽肉を、圧力鍋で軟骨まで食べられるようにやわらかく煮る。その鶏から出るだしを生かし、漬け物にすることが定番の仙台長ナスや乾燥イチジク、南瓜の一種であるオレンジ系のコリンキーなどを用いた個性的な煮物。仙台長茄子は焼き茄子にし、香ばしさを強めている。煮汁は全体的に薄味にし、イチジクから出る甘さを生かす。（阿部　英之）

＊**主要な野菜類**
コリンキー／仙台長茄子／いちじく／玉こんにゃく

作り方は199頁

新玉葱丸煮
新じゃが芋
胡瓜素麺葛煮

すっぽんのだしを使う煮物が丸煮。ここでは新玉ねぎの芯を抜いてそこにすっぽんの身を詰め、すっぽんのだしでやわらかく煮含める。新玉ねぎの甘味とすっぽんのだしが組み合わさって、日本料理ならではの上質な煮物に。あしらいは、新じゃが芋を星型に抜き、だしで煮含めて焼き目を付ける。胡瓜は細く切ってから葛打ちする。

＊**主要な野菜類**
玉ねぎ／じゃが芋／胡瓜
＊**使用するだし**
鶏ガラとイリコとカツオ節の合わせだし

作り方は199頁

作り方は200頁

玉葱鋳込み鰻真丈《うなぎしんじょう》 銀あん

早春に出回る、やわらかくて甘味の強い新玉ねぎを丸ごと使った蒸し物。玉ねぎの芯をくり抜いて、鰻の蒲焼きを混ぜた真丈地を詰めて蒸し上げる。新玉ねぎの甘さやみずみずしさを楽しめ、身近な素材ながら驚きが大きいようだ。

*主要な野菜類
玉ねぎ
*使用するだし
ソップだし

玉葱鋳込み鰻真丈の仕込み方

1 生身に卵の素を加えてなめらかにのばし、小さく刻んだ鰻の蒲焼きを加えてよくすり混ぜ、生姜を絞る。

2 芯をくり抜いた玉ねぎは1度、下煮しておき、くり抜いた内側に片栗粉をまぶして1の真丈地を詰めて蒸す。

作り方は200頁

蕪ピューレ　羽二重蒸し

秋から冬にかけての代表的な蒸し物であるかぶ蒸しを玉ねぎと使ってアレンジ。玉ねぎは一度下茹でしてクセを取り、木綿と寒冷紗《かんれいしゃ》で二重にした羽二重漉しにかけてから使う。泡立てた卵白と合わせ、枝豆や百合根などの具を包んでなめらかに蒸し上げる。

＊主要な野菜類
かぶ／枝豆／百合根
＊使用するだし
コンビーフ入りの
昆布だし

蕪ピューレ羽二重蒸しの作り方

1 おろしたかぶをボウルに入れ、浮き粉、かたく泡立てた卵白を加えてよく混ぜ、塩で味を調える。

2 具の穴子、百合根、枝豆、カニ身を入れて均等に混ぜ合わせる。

3 底が丸い器にラップを敷き、2の生地を適量取る。

4 茶巾の形に絞り、蒸し器に入れて中火で加熱する。

作り方は200頁

小蕪 小玉葱 ベーコンの豆乳煮

ベーコンの塩味と白味噌の風味、そこに豆乳のおだやかな甘味を加えて和風に仕上げたシチュー風の煮物。ベースは昆布だしで、西京味噌を溶き入れて煮汁にする。野菜はかぶと玉ねぎ。豆乳は煮上がりぎわに加える。

＊**主要な野菜類**
小かぶ／小玉ねぎ
＊**ポイントとなる調味材料**
豆乳／西京味噌
＊**使用するだし**
昆布だし

作り方は201頁

小烏賊と野菜の吉野煮

下処理した材料を本葛でとろみをつけた八方出汁で次々に温めていき、素材に火を入れ過ぎずに、本来の味わいを楽しませる煮物。小イカ、焼き豆腐、赤こんにゃく、生キクラゲ、マッシュルーム、おかひじきなどを使う。カツオ節と昆布できちんとした一番だしを引くことがポイント。煮汁はややかためにとろみを付け、材料にからめて味わっていただく。（阿部　英之）

＊主要な野菜類
焼き豆腐／赤こんにゃく／キクラゲ／マッシュルーム／人参／おかひじき

＊使用するだし
一番だし

チーズ柳川

いわゆる柳川鍋にチーズを加えてボリュームをアップ。加熱すると溶けるモツァレラチーズを使い、ピザを食べ慣れた世代には受け入れられやすい味づくりにしている。具には、トマト、生湯葉、万願寺唐辛子を使った。トマトはいったん焼いて甘味を引き出す。（西　芳照）

＊主要な野菜類
ごぼう／生湯葉／万願寺唐辛子／トマト

＊ポイントとなる調味材料
モツァレラチーズ／黒胡椒

＊使用するだし
一番だし

作り方は201頁

鉄鍋仕立て トマト カマンベール焼き

若い世代に喜ばれるように考案した焼き物。やわらかさが魅力の牛のミスジ肉を焼き、上に皮を湯むきしたトマト、カマンベールチーズをのせ、オーブンで焼いてからとんかつソースをベースにした食欲をそそるソースをかける。魚を好むお客様には、金目鯛などの白身魚を使い、茄子を組み合わせて鼈甲あんをかけるアレンジで提供するとよい。（西　芳照）

＊主要な野菜類
トマト／小松菜

＊ポイントとなる調味材料
カマンベールチーズ／とんかつソース／トマトジュース／牡蠣醤油

作り方は201頁

作り方は201頁

カステラ南瓜焼き酒盗あんかけ

南瓜を蒸して卵と合わせ、干しぶどうと茹でたとうもろこしの粒を混ぜてオーブン焼きに。ふんわりとした食感と素材の甘味が魅力だ。卵は卵白と卵黄を別々に泡立てて合わせることで、ふっくらとした食感になる。酒盗を加えたあんをかけ、酒肴となる一品にした。

＊主要な野菜類
南瓜／とうもろこし／干しぶどう
＊ポイントとなる調味材料
酒盗／土佐醤油入りの酒盗あん

牛蒡と納豆のチーズ焼き

納豆とチーズを活用して、手軽なつまみ感覚の野菜料理に。ごぼうは管ごぼうを使い、濃口八方だしでやや甘めに煮含めて調味した納豆を中に詰め、溶けるチーズをからめて焼く。意外な取り合わせだが相性がよく、クセになる味わいがある。

＊主要な野菜類
ごぼう／納豆
＊ポイントとなる調味材料
スライスチーズ
＊使用するだし
一番だし

作り方は202頁

百合根　珍味焼き色々

1枚ずつはがした大きめの百合根の鱗片に、生湯葉と大和芋をつなぎにした糁薯をのせて香ばしく焼いた一品。中には、それぞれこのわた、ばくらい（ホヤの塩辛）、からすみ、かに味噌を混ぜてあり、酒客にはたまらない珍味を上品に楽しんでもらう。いったん蒸してから軽く炙り焼きにする。

＊主要な野菜類
百合根／大和芋／生湯葉
＊ポイントとなる調味材料
このわた／ばくらい／かに味噌／からすみ

作り方は202頁

新技多彩 和食の野菜料理

野菜料理ならではのメめの一品

献立の最後をしめくくる食事メニューは、献立全体の印象を左右する料理。さっぱりめで量を控えたいときは、野菜の生かし方がカギとなります。お客様の胃袋に負担にならず、しかも楽しめる料理としてひと工夫したいものです。

作り方は203頁

そばと野菜のメレンゲ包み

まるで菓子のようなお洒落な麺料理。そばと3色のパプリカ、エリンギを彩りよくふんわりとした皮で巻く。皮は、卵白を泡立て、卵黄や調味料を加えて蒸したもの。周囲に張った銀あんは、生湯葉を加えておいしさとなめらかさを引き立てる。特に女性客に喜ばれる。

＊主要な野菜類
エリンギ／パプリカ（赤・黄・緑）／生湯葉

＊使用するだし
鶏ガラとイリコとカツオ節の合わせだし

作り方は203頁

もろこし葛素麺

魚そうめんの要領で、とうもろこしをそうめんに。のど越しがよく夏に喜ばれる麺料理だ。ペースト状にしたとうもろこしの粒に昆布だしに溶いた葛粉を練り合わせ、引き筒に入れて押し出す。だしは、昆布だしに炒り米を加えて香りをプラスしたもので、よく冷やしてから張る。

＊主要な野菜類
とうもろこし
＊使用するだし
昆布だし

もろこし葛素麺の作り方

1 茹でたとうもろこしをフードカッターにかけて裏漉しし、ペースト状にする。

2 昆布だしに吉野葛を入れて溶く。

3 1に2を漉しながら混ぜ合わせ、鍋に移し替えて火にかけ、コシが出るまで練り合わせる。

4 3を引き筒に入れ、氷水を張ったボウルの中に、一定方向に回しながら押し出す。

ひと口漬け物ずし

市販の漬け物を活用して、可愛らしい手まりの形に握ったひと口ずし。漬け物は、奈良漬け、千枚かぶ、べったら漬け、ザーサイ、赤かぶの甘酢漬け、水菜漬け、茄子のぬか漬けで、彩りも考えて選ぶ。写真のような多人数分の盛り込みは、しめの食事としてよりも、献立の合間におしのぎとして供すると、献立の流れの中で大事なアクセントとなる。

＊主要な野菜類
奈良漬け／千枚かぶ／べったら漬け／ザーサイ／赤かぶ甘酢漬け／水菜漬け等

作り方は203頁

作り方は203頁

いとこ飯

枝豆や人参、大根、里芋、さつま芋、ごぼうなどの色とりどりの野菜がぎっしり。蓋を開けた瞬間に野菜の香りがいっせいに広がり、〆めにふさわしい炊き込みご飯である。気取りのない材料使いは、どこかほっとする温もりを感じさせる。献立名の「いとこ飯」は〝いとこ煮〟から発想。かたい食材から順番に、おいおい（甥）、めいめい（姪）入れて煮ていく語呂合わせから名づけられた料理名といわれる。

＊主要な野菜類
枝豆／とうもろこし／さつま芋／大根／こんにゃく／ごぼう／里芋／南瓜／人参
＊使用するだし
昆布だし

スポーツ茶漬け

野菜がたっぷりで食べやすい食事として考案。根菜やきのこをたっぷり使った炊き込みご飯に汁を張って提供する。炊き込みご飯のだしにはスポーツ飲料を加え、甘味と酸味を生かす。周囲に張るもずく入りのだしも、一番だしに2割のスポーツ飲料を加えたもの。夏場は、冷やした汁を張って供する。(西 芳照)

＊主要な野菜類
ごぼう／人参／薄揚げ／舞茸／しらたき
＊ポイントとなる調味材料
スポーツドリンク
＊使用するだし
一番だし／
鶏ガラと焼きアゴと昆布の合わせだし

作り方は204頁

作り方は204頁

アボカド包みずし ジェル醤油

巻きずしというより、ロールすしの感覚ですしをひと工夫。すし飯には松の実や梅肉を入れ、外側の衣は、アボカドを細かく叩いてキャベツやおろし山葵などを混ぜる。右奥の付け醤油はゼラチンを加えて冷やし固めてあり、すしにからまりやすくする。前盛りは、焼き松茸、紅葉人参、針わさび。

＊主要な野菜類
アボカド／キャベツ／しば漬け／べったら漬け

作り方は204頁

子芋の柚子おろし雑炊

ご飯に蒸した子芋を加え、イリコと昆布とカツオ節がきいただしに大根おろしや白味噌を合わせてさっと炊いた雑炊。材料はシンプルだが、ひと手間かけた味わいは、飲酒後の食事にとても喜ばれる。大根おろしは湯通しして大根のくさみを抜く。おろし柚子を加えて香りを添える。

＊主要な野菜類
里芋／大根
＊使用するだし
イリコと昆布カツオ節の合わせだし

作り方は205頁

壬《み》生《ぶ》菜《な》の博多ずし

冬場の葉物野菜として和え物や酢の物に使われる、壬生菜を押しずしに活用。壬生菜と薄揚げを使い、すし飯を交互に重ねて博多に押す。すし飯にはジャコや赤かぶの甘酢漬けや酢取り生姜を混ぜ込む。壬生菜の辛味がすし飯に合い好評だ。

＊**主要な野菜類**
壬生菜／薄揚げ／赤かぶの甘酢漬け

＊**使用するだし**
一番だし

壬生菜の博多ずしの作り方

1 すし飯に、ジャコや赤かぶの甘酢漬け、酢取り生姜を細かく刻んで混ぜる。

2 バッテラ箱の底に壬生菜を敷く。壬生菜は、かために茹でて吸い地に含ませてから使う。

3 壬生菜の上に、油抜きした薄揚げを重ねる。この上に、1のすし飯を箱の半分の高さまで詰める。

4 すし飯の上に壬生菜を広げ、再度すし飯を詰め、薄揚げ、壬生菜の順に重ねて押す。

作り方は205頁

柚べし茶漬け

保存食の一種でいまや高級品の柚べしを自家製で仕込み、お茶漬けに取り入れた趣きのある〆めの一品。柚べしは、柚子の実をくり抜いて中に具を別に用意して鋳込み、蒸している。ここではカツオ節やとろろ昆布などを具とした。半年ほど陰干しにして、薄く切って使う。珍味として提供しても喜ばれる。

＊主要な野菜類
柚子／松の実

作り方は205頁

炭そば
カッペリーニ
茶そばの
にぎりずし

乾麺の炭そばや茶そば、パスタのカッペリーニを1本ずつきちんと揃えて巻いた個性的な握りずし。それぞれの麺を茹でてすし酢を含ませ、下味を付けておく。海苔、べったら漬け、水菜の帯を巻き、はじかみを添える。

＊主要な野菜類
水菜／べったら漬け

揚げ湯葉巻きずし

湯葉のサクッとした食感が楽しい巻きずし。胡瓜や薄揚げ、椎茸の甘煮などの具を入れたすし飯を平湯葉で巻いて、マヨネーズを少し加えた白扇衣を付けてふんわりと揚げる。若いお客様や、ボリュームを求めるお客様に喜ばれる。

＊**主要な野菜類**
平湯葉／椎茸／切り干し大根／胡瓜／薄揚げ
＊**使用するだし**
昆布だし

作り方は205頁

作り方は206頁

夫婦《めおと》ご飯

焼き豆腐と厚揚げを一緒に炊き込んだ惣菜風の土鍋ご飯。京都の代表的なおばんざい料理である〝夫婦炊き〟の手法を取り入れ、焼き豆腐は塩と酒を加えた昆布だしに浸して形が崩れないようにし、厚揚げは油抜きしてから吸い地加減に煮て下味を付けておく。鶏ガラ、イリコ、カツオ節から取る濃厚な合わせだしに、胡麻油や濃口醤油を加えた汁で炊く。

＊主要な野菜類
焼き豆腐／厚揚げ
＊使用するだし
鶏ガラとイリコとカツオ節の合わせだし

新技多彩 和食の野菜料理 [作り方]

湯葉の白和え アボカド釜入り

（カラー8頁）

[材料]

白いんげん（乾物）
赤いんげん（乾物）
ひよこ豆（乾物）
うずら豆（乾物）
そら豆
●豆の浸し地
濃蜜（※1）
濃口醤油
アボカド
すだちしぼり汁
汲み上げ湯葉
●白和えの衣（作りやすい量）
木綿豆腐…1丁
生クリーム…40g
砂糖…適量
塩…少々
白醤油…1～2滴
●銀あん（割合）
一番だし（122頁参照）…8
味醂…1
薄口醤油…0.5
吉野葛…適量
トマト
昆布だし（122頁参照）

[作り方]

①白いんげん、赤いんげん、ひよこ豆、うずら豆はひと晩水に漬けて戻し、新しい水に取り替えてそれぞれ食べやすくなるまで下茹でする。そら豆はさやからはずし、塩茹でして冷水に取る。これらを濃口醤油を少々加えた濃蜜に浸しておく。
②中に詰める白和えを作る。木綿豆腐を押して水気を絞り、裏漉しをする。生クリームや調味料を加えて味を調える。
③アボカドを半分に切り、種を取って中身をくり抜いて釜とする。くり抜いた実にはすだちのしぼり汁をかけ、黒ずまないようにして切る。
④トマトを湯むきし、昆布だしでさっと炊く。
⑤銀あんを作る。一番だしに調味料を加え、水溶きした吉野葛を引いて銀あんにする。
⑥③の釜に汲み上げ湯葉をそのまま詰め、白和えを形よく盛り付ける。この上に、切ったアボカドを並べ、①の豆を盛って銀あんをかける。④のトマトを添える。

しぼり豆腐のおぼろ昆布巻き

（カラー9頁）

[材料]

木綿豆腐
トマト
おぼろ昆布
●チーズ入り豆腐クリーム（作りやすい量）
木綿豆腐…1／2丁
クリームチーズ…16g
砂糖…適量
塩…適量

※1 濃蜜
グラニュー糖500gにミネラルウォーター540㎖を加えてジューサーにかけて砂糖を溶かし、爪昆布3枚を加え、24時間置く。

※2 水塩
鍋に水1.8ℓ、天然塩を1kg、卵の殻5個、卵白3個分、爪昆布5枚を入れ、ゆっくりと温度を上げながら加熱し、塩を溶かす。自然に溶けてから、浮かんでいるアクをすくい、裏漉しして冷まして使う。

※3 薄蜜
濃蜜（※1）1に対してミネラルウォーター5を合わせたもの。

濃口醤油…1滴
青じそ

[作り方]

①木綿豆腐に重石をかけて水切りをする。
②トマトを湯むきして皮を取る。木綿豆腐の厚みに合わせて1cm強に切り、薄く塩を振って半日ほど風干しする。
③①の豆腐を横半分に切り、②のトマトを間に挟む。これにおぼろ昆布を4重に巻き付ける。
④③を170℃の油で、1分を目安に揚げる。
⑤下に敷くチーズ入り豆腐クリームを用意する。木綿豆腐に重石をかけて水切りをし、裏漉しにかける。クリームチーズも裏漉しにかける。これらを当たり鉢に移し、調味料も加えてなめらかになるまですり混ぜ、味を調える。
⑥⑤のチーズ入り豆腐クリームを敷き、④の豆腐を切り分けて切り口を見せながら盛り付ける。天に、細切りして揚げた青じそを飾る。

丸茄子とアボカドの挟み揚げ

（カラー10頁）

[材料]

丸茄子
アボカド
●フライ用の衣
小麦粉
卵
パン粉
●紅葉ドレッシング（作りやすい量）
人参、さつま芋、じゃが芋、南瓜、玉ねぎなど…合わせて100g
おろし生姜…小さじ1
にんにく…小さじ1
黒胡椒…小さじ1
かんずり…小さじ1
塩…小さじ1.5
EXV（エクストラバージン）オリーブ油…100㎖
りんごビネガー…50㎖
すだち

[作り方]

①紅葉ドレッシングを仕込む。残り物の人参、さつま芋、じゃが芋、南瓜、玉ねぎなどをさっと茹で、ミキサーにかけてどろっとした状態にする。砕いた野菜に香味野菜や調味料類を加えてよく混ぜる。
②丸茄子を皮付きのまま1.5cmの厚さに切り、みょうばん水に浸してアク止めをする。水気をふき、全体に小麦粉を刷毛でまぶす。
③アボカドを、半分に切って種を取る。実を取り出し、1.5cmの厚みに切る。
④③のアボカドを②の丸茄子で挟み、溶き卵、パン粉をまぶしてサラダ油で揚げる。
⑤④の中身が見えるように切り、皿に盛る。すだちを前に盛り、紅葉ドレッシングを添える。

水前寺菜長芋巻き

（カラー11頁）

[材料]

水前寺菜
●水前寺菜の浸し地
一番だし（122頁参照）
昆布だし（122頁参照）
塩
薄口醤油
長芋
●長芋の浸し地
昆布だし
塩
粉ゼラチン
穂じそ
わさび

[作り方]

①水前寺菜を塩を加えた湯で茹で、氷水に取って水気を絞る。一番だし、昆布だし、薄口醤油、塩で調味をした浸し地で味を含ませる。
②長芋をかつらむきし、立て塩に浸してから、昆布だしに塩で味を漬けた浸し地で味を含ませる。
③①の水前寺菜を束ねる。②の長芋の水分をよくふき取って、水前寺菜を芯にして巻く。
④水前寺菜の浸し地に、水で戻しておいた粉ゼラチンを加えて加熱して煮溶かし、冷やし固める。粉ゼラチンの量は、浸し地100㎖に対し、4g使う。
⑤水前寺菜長芋巻きを切り分け、ゼラチンで寄せた浸し地を細かく切って添える。穂じそとわさびをあしらう。

胡麻のゼリー寄せ

（カラー11頁）

※4 味醂甘酢
煮切り味醂540㎖、塩大さじ1、薄口醤油少々、昆布30gを合わせて火にかけ、塩が溶けたら酢1.8ℓを加えて冷ます。酸味を和らげるために、酢を加熱して風味を飛ばして使う仕込み方もある。

※5 ポン酢
ダイダイ酢200㎖、濃口醤油100㎖、煮切り味醂15㎖、昆布5g、カツオ節10gを合わせて1週間ほど寝かせ、布漉しする。

※6 卵の素
卵黄3個に塩小さじ1／3、サラダ油360〜540㎖を少しずつ加えてよく混ぜ、乳化させる。卵は、高級品よりごく普通のものの方が仕上がってから分離しにくい。

※7 昆布酒
酒1.8ℓに昆布30gを加えてひと晩浸す。

※8 煮梅
梅干しを針打ちし、薄い塩水にしばらく漬け、真水に漬けて塩抜きをする。これを薄蜜（※3）でさっと炊き、次に中蜜（濃蜜1に対してミネラルウォーター3を合わせる）に漬け込み、濃蜜（※1）に浸す。

【材料】

●黒胡麻の落雁（作りやすい量）
当たり胡麻（黒）…100g
カラメルソース（市販品）…20㎖
片栗粉…大さじ3

●白胡麻の落雁（作りやすい量）
当たり胡麻（白）…100g
砂糖…大さじ3
片栗粉…大さじ1強

●ゼリー寄せの地
昆布だし（122頁参照）…400㎖
味醂…適量
水塩（※2）…適量
粉ゼラチン…10g

大根
春菊

●春菊の浸し地
一番だし（122頁参照）
塩
薄口醤油
味醂

●カリフラワー泡寄せ（作りやすい量）
カリフラワー…150g
牛乳…50㎖
生クリーム…15㎖
粉ゼラチン…6g
塩…少々
味醂…少々

【作り方】

①黒胡麻と白胡麻の落雁を仕込む。黒胡麻を当たり、カラメルソース、片栗粉を混ぜる。流し缶に移して表面を平らにならし、10分ほど蒸す。白胡麻の落雁は、カラメルソースの代わりに砂糖を使い、同じ手順で仕込む。粗熱が取れたら、料理に合わせて切る。

②ゼリー寄せの地を作る。昆布だしに味醂と水塩を加えて味付けをし、水でふやかしておいたゼラチンを加えて煮溶かす。

③大根を六角形に抜いて型を作り、中に切った落雁を市松に並べ、②のゼリー生地を流し、冷やし固める。

④春菊は塩を加えた熱湯で茹で、鍋から取り出す直前に少々の重曹を加えて色出しする。すぐに氷水に落として色止めし、水気を切って切る。その後浸し地で味を含ませる。

⑤カリフラワー泡寄せを作る。茹でたカリフラワーと牛乳40㎖をミキサーにかけてペースト状にする。残りの牛乳と生クリームを火にかけて、水でふやかしておいたゼラチンを加えて溶かす。これをペースト状にしたカリフラワーに加え、塩、味醂で味を調える。固まる直前までよく泡立て、流し缶などに移して冷やし固め、星型に抜く。

⑥胡麻のゼリー寄せを器に盛り、春菊のお浸しを添える。カリフラワーの泡寄せをあしらう。

酒肴彩菜

（カラー12頁）

【材料】

ヘビ茄子

●茄子の浸し地
昆布だし（122頁参照）
塩
砂糖
味醂

ホワイトアスパラガス

●甘酢（作りやすい量）
酢…100㎖
水…50㎖
砂糖…20g
塩…1g
唐辛子…2本

三尺いんげん
干し椎茸（小）

●椎茸の浸し地
薄口醤油
味醂

ドライマンゴー
ヨーグルト

●にんにく味噌（作りやすい量）
青森産むきにんにく（ピューレ状）…500g
もろ味噌…500g
卵黄…10個
削り節…50g
七味唐辛子…少々

ラディッシュ

※ヘビ茄子とは、宮城・仙台周辺で出回っている長い茄子。淡い紫色で細く、20㎝以上の長さに育つ。実のやわらかさも特徴。「マー坊茄」子という商品名で販売されている。

【作り方】

①ヘビ茄子は塩とみょうばんをすり込み、10分ほど置いて重石をかけて下漬けする。昆布だしに調味料を加えて漬け地を作り、表面が空気に触れないようにしながら30分ほど漬ける。これを器に合わせて切り分ける。

②ホワイトアスパラガスはそうじをして、か

※9 白玉味噌
昆布50gを3㎝角に切り、酒540㎖で洗って水分を含ませておく。西京味噌1㎏、卵黄10個、味醂360㎖、砂糖100gとともに鍋に入れ、火にかけながら30～40分ほど弱火で練り上げる。

※10 甘酢
酢1.8ℓ、爪昆布5枚、砂糖1㎏、塩30gを合わせて加熱する。

※11 おろし柚子
黄柚子、あるいは青柚子の皮をむき、塩と重曹を加えた湯で茹で、冷まして裏漉しにかけたもの。柚子が安いときにまとめて仕込み、冷凍しておくと便利。

※12 二番だし
ひと晩汲み置きした水1.8ℓに、一番だし（122頁参照）で使用した節類と昆布、新しく血合い入りのカツオ節20gを加え、火にかける。約70℃の温度を保ち、15分ほど煮出し、ネル地を敷いたざるで漉す。

※13 編笠柚子
①肉厚の黄柚子を求め、表面をごく薄くむいて苦味を取り、表面をすりおろす。
②縦半分に切り、生の実を取る。白いワタの部分はほどよく残す。
③灰アク1、重曹1の割合で合わせ

ために下茹でする。甘酢は、材料を鍋にかけひと煮立させて冷ましておく。これで、茹でたホワイトアスパラガスを漬け込む。
③三尺いんげんは、器に合わせて切り、塩を加えた湯で茹で、冷水に取って冷ます。
④干し椎茸は、砂糖を入れた水にひと晩浸して戻す。この戻し汁と椎茸を圧力鍋に入れ、20分ほどやわらかくなるまで煮る。煮た汁に薄口醤油と味醂を加えて浸し地を作り、ここに煮た椎茸を漬け込む。
⑤ドライマンゴーはプレーンヨーグルトにひと晩漬け込んで戻し、切り分ける。
⑥にんにく味噌を仕込む。にんにくを水で30分煮てミキサーにかけ、もろ味噌を合わせて1時間ほど弱火で練り上げる。卵黄と削り節、七味唐辛子を加えて上げる。削り節は、乾煎りし、粉状にしたものを使う。
⑦ラディッシュは庖丁で細かく刻み、塩を少々加える。
⑧ヘビ茄子、ホワイトアスパラガス、三尺いんげん、煮椎茸、ドライマンゴーを盛り付ける。刻んだラディッシュとにんにく味噌を添える。

蕃茄ゼリー カリフラワー泡寄せ ぶどう煮詰めかけ

（カラー13頁）

[材料]

●カリフラワー泡寄せ（作りやすい量）
カリフラワー…150g
牛乳…50㎖
生クリーム…15㎖
粉ゼラチン…6g
塩…適量
味醂…少々

●トマトゼリー（作りやすい量）
ミニトマト…6～7個
昆布だし（122頁参照）…30㎖
砂糖…10g
粉ゼラチン…1g
レモン汁…2.5㎖

毛ガニ

●ぶどう煮詰め汁
巨峰
黒酢

銀杏

●レモンとシークワーサーの砂糖漬け
レモン
シークワーサー
砂糖

[作り方]

①カリフラワーの泡寄せを作る。茹でたカリフラワーと牛乳40㎖をミキサーにかけてペースト状にする。残りの牛乳と生クリームを火にかけて、水でふやかしておいた粉ゼラチンを加えて溶かす。これをペースト状にしたカリフラワーに加え、塩、味醂で味を調える。固まる直前までよく泡立て、流し缶などにに移して冷やし固める。
②トマトゼリーを作る。ミニトマトは湯むきして細かく刻む。昆布だしを火にかけ、砂糖を加える。トマトを加えて一度沸かして火からはずす。ここに水でふやかしておいた粉ゼラチンを加えて溶かし、レモン汁を加える。粗熱を取り、①のカリフラワーの泡寄せの上に流して冷やし固める。
③ぶどう煮詰め汁を仕込む。巨峰をつぶして汁をしぼり、煮詰める。酸味を補う程度に黒酢を加える。
④翡翠銀杏を仕込む。銀杏を殻からはずし、油で揚げて薄皮をむき、塩を軽く振る。
⑤レモンとシークワーサーの砂糖漬けを仕込む。レモンとシークワーサーは薄切りし、砂糖で挟むように重ねてひと晩漬ける。
⑥トマトゼリーとカリフラワーの泡寄せを器に合わせて切り分ける。あるいは抜き型で抜く。レモンとシークワーサー砂糖漬けをのせ、蒸した毛ガニ、翡翠銀杏をあしらう。ぶどう煮詰め汁を張る。

沢煮ゼリー寄せ

（カラー14頁）

[材料]

ごぼう
うど
茗荷
青唐辛子
ズイキ
薄揚げ

●薄揚げの下煮用の煮汁
一番だし（122頁参照）
酒
味醂
薄口醤油

●ゼリー寄せの地
昆布だし（122頁参照）
酒
味醂

た中に入れて弱火で1時間半～2時間ほど茹でる。
④水でよくさらす。端を切って味を見て、ほろ苦さが適度に残る程度までさらす。
⑤水気を取って盆ざるに並べ、水分が飛ぶまで1～2時間ほど風干しする。
⑥真空パックに中蜜（濃蜜1に対してミネラルウォーター3を合わせる）とともに入れ、30分ほど蒸す。濃蜜は、※1を参照。

※14 **土佐醤油**
濃口醤油…1.8ℓにカツオ節100g、酒360㎖、赤酒180㎖、昆布30gを入れていったん沸騰させ、冷まして漉す。

※15 **素塩**
粒の細かい天然塩に爪昆布を加え、さらさらになるまで鍋で炒って紙に広げて冷ます。この塩3に対し旨味調味料1の割合で合わせる。防湿剤などとともに瓶などに入れて、保管に気を付ける。

※16 **すし酢**
酢1.8ℓ、砂糖750g、塩150g、昆布茶大さじ2を合わせたもの。飯1升にすし酢2合（360㎖）を合わせる。

白醤油
板ゼラチン
青じそ

[作り方]

①ごぼうはかつらにむいてせん切りする。うどは皮をむいて水にさらし水気を切ってせん切りする。茗荷と青唐辛子はせん切りにする。ズイキはせん切りにして湯通しをする。薄揚げは油抜きをして、細切りにし、味醂を多めに加えて甘味を出した煮汁で煮含める。

②ゼリー寄せの地を作る。板ゼラチンは水でふやかしておく。昆布だしに調味料を加えて味を調える。ふやかしたゼラチンを火にかけて煮溶かし、調味した昆布だしを加えてゼリー地とする。ゼラチンは、寄せる地400〜500㎖に対して10gを目安にして使う。

③②に①の野菜を混ぜ合わせ、型に流し入れて冷やし固める。

④型からはずして器に盛り付け、薄揚げの煮汁を張る。せん切りにして素揚げした青じそを天盛りにする。

莫大海葛寄せ

（カラー15頁）

[材料]

莫大海
●莫大海の煮汁（割合）
鶏ガラとイリコとカツオ節の合わせだし（124頁参照）…8
酒…1
味醂…1
濃口醤油…1
●葛寄せの地（作りやすい量）
昆布だし（122頁参照）…180㎖
吉野葛…50g
塩…少々
味醂…少々
●張り地
一番だし（122頁参照）
赤酒
薄口醤油

[作り方]

①莫大海は水に浸して戻し、皮や汚れを取り除いて煮汁で煮含める。

②葛寄せの地を作る。昆布だしを煮立たせて火を止め、葛粉を加えて充分に練る。こしが出たら調味料を加えて味を調える。

③流し缶に5㎜の高さに葛寄せの地を流し、湯煎する。火が通ったら葛寄せを水に放つ。

④ラップを広げて③の葛寄せの地をのせ、莫大海を置いて包み、茶巾の形に整えて冷やす。温かくして提供してもよい。

⑤張り地を作る。一番だしに調味料を加えてやや濃いめの吸い地程度に味を調える。

⑥④の葛寄せを器に盛り、張り地を張る。

キャベツ甲州和え

（カラー16頁）

[材料]

キャベツ
マスカット
●和え衣（割合）
白ワイン…2
昆布だし（122頁参照）…8
塩…少々
濃口醤油…少々
吉野葛…少々

[作り方]

①キャベツはせん切りにして、塩を加えた熱湯で湯通しし、ざるにあげて冷ます。

②マスカットは湯通しして皮をむき、種を取り除く。

③和え衣を作る。白ワインを鍋に入れて火にかけてアルコール分をとばし、昆布だしや調味料を加えて水溶きした吉野葛を引く。

④キャベツとマスカットを和え衣で和え、器に盛り付ける。

筒抜き胡瓜　梅肉鋳込み

（カラー17頁）

[材料]

胡瓜
●胡瓜に鋳込む具
白胡麻
梅肉
焼き海苔
青じそ
ドライトマト
カツオ節
茗荷

[作り方]

①胡瓜は塩でみがいて水洗いし、筒抜きで芯を抜いて爪昆布を加えた立て塩に漬ける。しんなりしたら胡瓜を取り出す。

②胡瓜に鋳込む具を作る。白胡麻は煎ってから当たり鉢でなめらかになるまでよく当たる。梅肉は、梅干しを裏漉しする。焼き海苔は細かく刻む。青じそはせん切りにする。ドライトマトは戻さずにそのまま細かく刻む。これらとカツオ節を合わせる。

③筒抜き胡瓜に②の具を鋳込み、適当な長さに切る。器に盛り、茗荷を形よく切り、前盛りする。

蒟蒻のゆかり炊き

（カラー18頁）

[材料]

白こんにゃく
●白こんにゃくの煎り煮の調味料
酒…30㎖
薄蜜（※3）…10㎖
梅酢…10〜20㎖
赤じそ
胡瓜

[作り方]

①白こんにゃくは下茹でしてひと口大にちぎり、サラダ油を熱した鍋で炒める。酒、薄蜜を加えてさらに炒めて梅酢を加えて煎り煮にする。仕上げる直前に刻んだ赤じそを加える。

②胡瓜の皮をかつらにむき、細切りにして素揚げし、胡瓜の葵揚げを作る。

③煎り付けたこんにゃくを器に盛り、胡瓜の葵揚げを天盛りする。

蓴菜　芋寄せ　バルサミコ酢　矢羽根

（カラー19頁）

[材料]
●じゅんさい寄せ（作りやすい量）
じゅんさい…適量
じゅんさいの浸し地
　昆布だし（122頁参照）…360㎖
　塩…適量
　味醂…適量
　薄口醤油…適量
板ゼラチン…1枚（10g）
●芋寄せ（作りやすい量）
大和芋…120g
昆布だし…360㎖
板ゼラチン…1枚（10g）
●バルサミコ酢寄せ（作りやすい量）
バルサミコ酢…100㎖
昆布だし…100㎖
板ゼラチン…1枚（10g）
●吸い地
昆布だし
酒
塩
薄口醤油
わさび

[作り方]
①じゅんさい寄せを作る。じゅんさいは塩を加えた湯でさっと茹でて色出しをし、氷水に落として色止めをする。昆布だしに調味料を加えて甘めの浸し地を作り、そこにじゅんさいを含ませる。板ゼラチンは水でふやかしておき、浸し地とじゅんさいを合わせ、加熱してゼラチンを煮溶かす。これを型に流し入れて冷やし固める。
②芋寄せを作る。大和芋は皮をむいてすりおろす。板ゼラチンは水でふやかしておき、昆布だしを煮立たせた中にふやかしておいた板ゼラチンを入れて煮溶かし、大和芋と合わせる。①のじゅんさい寄せの表面が固まってきたら、これを上から流し入れて冷やし固める。
③バルサミコ酢寄せを作る。板ゼラチンを水でふやかしておく。バルサミコ酢を昆布だしで割り、これをふやかしたゼラチンに加えて加熱し、煮溶かす。②の芋寄せが固まったら、表面に流し、矢羽根羊羹の要領で模様を描き、冷やし固める。
④③を器に合わせて切り、吸い地を張る。細切りにしたわさびをあしらう。

玉葱ピューレ葛豆腐

（カラー20頁）

[材料]
●玉ねぎピューレ葛豆腐（作りやすい量）
玉ねぎの裏漉し…180㎖
昆布だし（122頁参照）…180㎖
吉野葛…40g
酒…30㎖
塩…適量
●かけあん
一番だし（122頁参照）
玉ねぎの裏漉し
酒
塩
吉野葛
ラディッシュ
生姜

[作り方]
①玉ねぎのピューレ葛豆腐を作る。玉ねぎは皮をむいて茹でて裏漉しにかける。昆布だしと葛粉を混ぜ合わせて漉し、玉ねぎの裏漉しと合わせて酒、塩を加えて味を調える。玉ねぎの裏漉しは、かけあんにも加えるので、多めに用意しておく。
②①を鍋に移して火にかけ、やや弱めの中火でコシが出てくるまで練り合わせ、流し缶に入れて蓋をかけて軽く蒸し、蒸し上がったら流し缶ごと氷水に浸けて冷ます。
③一番だしに①で取り分けた玉ねぎの裏漉しと調味料を加えて味を調え、水溶きした吉野葛を加えてかけあんを作る。
④切り分けて器に盛り付け、かけあんを張り、薄切りにしたラディッシュ、おろし生姜を添える。

万願寺きんぴら鋳込み

（カラー21頁）

[材料]
万願寺唐辛子
ごぼう
胡麻油
●きんぴらの合わせ調味料
ウスターソース…60㎖
酒…30㎖
砂糖…9g
●蓮根の甘酢漬け
蓮根
味醂甘酢（※4）

[作り方]
①きんぴらを作る。ごぼうはかつらにむいてせん切りし、胡麻油で炒め、合わせ調味料を加えて煎り煮にする。
②万願寺唐辛子は縦に切り目を入れて中に①を詰め、表面にサラダ油をぬって焼く。
③蓮根の甘酢漬けを作る。蓮根を切って酢を加えた湯で茹でる。味醂甘酢に漬け込む。
④②を器に盛り、蓮根の甘酢漬けを添える。

もろこし玉子焼きとゆかりの博多押し

（カラー22頁）

[材料]
●もろこし玉子焼きの生地
とうもろこし…1本
全卵…1個
牛乳…15㎖
小麦粉…25g
味醂…少々
塩…少々
ゆかり

[作り方]
①もろこし玉子焼きの生地を作る。とうもろこしは塩を加えた熱湯で茹で、実だけをほぐしてミキサーにかける。これを裏漉しにかけてなめらかにし、溶き卵、牛乳、小麦粉を合わせ、味醂、塩で味を調える。
②油を熱したフライパンに、①の生地を薄くのばして焼く。
③バッテラの押し枠に合わせて薄焼き玉子を切り、押し枠の底に敷く。ゆかりを挟みながら10段ほどに重ね、重石をのせて一昼夜置く。
④切り分けて器に盛り付ける。

梨の皮きんぴら

（カラー22頁）

[材料]
梨
ピーマン
人参
●きんぴらの合わせ調味料
酒
薄口醤油
赤酒

[作り方]
①梨は皮を薄くむき、細くせん切りにする。人参は皮をむき、かつらにむいてせん切りにする。ピーマンは縦に切り、種を取り除いてせん切りにする。
②酒、薄口醤油、赤酒で合わせ調味油を作る。甘めの方が味が引き立つので赤酒を加える。
③鍋にサラダ油を熱して梨の皮、人参、ピーマンを炒め、合わせ調味料を加えて煮上げる。器に盛り付ける。

ミニトマトのフライ

（カラー23頁）

[材料]
ミニトマト
●フライの衣
小麦粉
卵
生パン粉
パセリ
●天だし（割合）
昆布だし（122頁参照）…5
濃口醤油…0.5
薄口醤油…0.5
味醂…1

[作り方]
①ミニトマトは熱湯にくぐらせて湯むきして、小麦粉、溶き卵、刻みパセリを混ぜた生パン粉の順に付け、熱したサラダ油でカラリと揚げる。
②揚げたミニトマトを器に盛り付け、天だしを添える。

マッシュルーム 木の実 里芋挟み揚げ 吉野あん

（カラー24頁）

[材料]
●里芋の挟み揚げの生地
里芋
一番だし（122頁参照）
●木の実
銀杏
くるみ
松の実
栗
上新粉
●白扇衣
卵白…1／2個
片栗粉…大さじ2
小麦粉…大さじ1
冷水…大さじ3〜4
●吉野あん
一番だし（122頁参照）
塩
薄口醤油
味醂
吉野葛
●紅葉人参
人参
●紅葉人参の浸し地
一番だし
塩
味醂
薄口醤油
菊菜
青柚子

[作り方]
①里芋の挟み揚げの生地に加える木の実類の準備をする。くるみは殻を割り、薄皮を取って酒煎りする。くるみは重曹を加えた熱湯で茹でて薄皮をむく。松の実は煎る。栗は鬼皮と渋皮をむき、みょうばん水に落とす。くちなしを加えて、栗がやわらかくなるまで茹でる。その後、水でよくさらす。
②里芋を一番だしで炊いておき、火入れをし、取り出して水気を飛ばす。これをつぶして上新粉を加え、好みの大きさに刻んだ木の実類を加えて混ぜる。
③マッシュルームの中身をくり抜き、小麦粉を振って②の生地を詰める。2枚のマッシュルームで挟んで合わせる。
④泡立てた卵白に粉類や水を合わせて白扇衣を作り、③に小麦粉を打ち粉として振り、白扇衣を薄めに付けて揚げる。
⑤紅葉人参は、人参を紅葉の型に抜いて下茹でし、一番だしを吸い地加減に調味した浸し地で味を含ませる。
⑥菊菜は塩を加えた熱湯で茹で、鍋から取り出す直前に少々の重曹を加えて色出しする。すぐに氷水に落として色止めし、水気を切って切る。
⑦吉野あんを作る。一番だしを火にかけ、調味料を加えて味を調え、水溶きした吉野葛をでとろみを付ける。
⑧④を半分に切り、椀に盛る。菊菜と紅葉人参、青柚子をあしらい、吉野あんを張る。

蓮根の白玉鋳込み 黄身からし揚げ 豆乳ソース敷き

（カラー25頁）

[材料]
蓮根
●蓮根の煮汁（割合）
一番だし（122頁参照）…8
酒…1
味醂…1
白醤油…1
塩…適量
●白玉に鋳込む具
木綿豆腐…適量
白玉粉…豆腐の1／2量
味醂…適量
薄口醤油…適量
塩…適量
●揚げ衣
卵黄

和がらし
小麦粉
●豆乳ソース
豆乳…360㎖
西京味噌（漉し）…20g
めんつゆ（市販品）…70㎖
吉野葛…適量
グリーンアスパラガス

[作り方]

①蓮根は皮をむいて酢水に落とし、酢を加えた熱湯で茹で、煮汁でさっと煮含める。
②鋳込む具を作る。木綿豆腐は重石をかけて水切りをし、裏漉しにかける。白玉粉を合わせ、調味料で味を調える。これを①の蓮根の穴に鋳込む。
③揚げ衣を作る。卵黄と等量の和がらしを合わせ、小麦粉を加えて混ぜ合わせて衣とする。
④②の蓮根を③の衣にくぐらせて、160～180℃に熱したサラダ油で揚げ、食べやすい厚みに切る。
⑤豆乳ソースを作る。豆乳に味噌を溶いてめんつゆを合わせ、火にかけて水溶きした吉野葛でとろみを付ける。
⑥グリーンアスパラガスをそうじし、かつらむきにして細く切り、針アスパラを作る。
⑦器に豆乳ソースを敷き、④の蓮根を盛り付ける。針アスパラをあしらう。

ソースきんぴら

（カラー26頁）

[材料]

ごぼう
●きんぴらの調味料
ウスターソース
中濃ソース
赤酒
酒
サフラン

[作り方]

①ごぼうは水洗いし、皮をかつらにむいてせん切りにする。
②サラダ油を熱した鍋でごぼうを炒め、火が通ったらウスターソース、中濃ソースを加えてさらに炒め、仕上げに赤酒と酒を加えて味を調える。1～2日ねかせて味をなじませる。
③ごぼうのきんぴらを器に盛り付け、サフランを天盛りにする。

大根素麺

（カラー26頁）

[材料]

●大根そうめん
大根
片栗粉
昆布だし（122頁参照）
●そばだし（割合）
一番だし（122頁参照）…8
味醂…1
薄口醤油…0.5
塩…適量
生姜

[作り方]

①大根そうめんを作る。大根はやや厚めのかつらにむいて細切りする。片栗粉をまんべんなくまぶして、昆布だしで茹でる。
②調味料を合わせ、そばだしを仕込む。
③器に①の大根そうめんを盛り付けてそばだしを張り、おろし生姜を天盛りする。

胡麻豆腐　栗覆輪

（カラー27頁）

[材料]

●胡麻豆腐（作りやすい量）
昆布だし（122頁参照）…720㎖
当たり胡麻（白）…70g
葛粉…80g
塩…少々
味醂…少々
●栗覆輪の生地
栗
小麦粉
牛乳
●レモン醤油
一番だし（122頁参照）
塩
薄口醤油
味醂
濃口醤油
レモン
わさび

[作り方]

①胡麻豆腐を仕込む。昆布だしと当たり胡麻、葛粉、塩、味醂を合わせて30分ほど火にかける。弱火に近い中火で、ゆっくりと時間をかけてつやが出るまで練る。流し缶に移し、蒸気の上がった蒸し器に入れ、中火で15分ほど蒸す。
②栗覆輪の生地を作る。栗は鬼皮と渋皮をむき、蒸し器で蒸して裏漉しにかける。小麦粉に牛乳を溶いて合わせ、栗の裏漉しを加えて生地にする。これをサラダ油を熱したフライパンで薄く焼く。
③レモン醤油を作る。一番だしに塩、薄口醤油、味醂を合わせて濃いめの吸い地加減に調味し、濃口醤油とレモンのしぼり汁を合わせる。
④まきすに②の生地を広げ、胡麻豆腐をのせて端から巻く。輪切りにして器に盛り付け、レモン醤油を張り、おろしわさびを天盛りする。

黒胡麻豆腐

（カラー28頁）

[材料]

●黒胡麻豆腐（作りやすい量）
昆布だし（122頁参照）…720㎖
当たり胡麻（白）…70g
生伽羅麹…40g
吉野葛…80g
塩…少々
味醂…少々
●張り地
一番だし（122頁参照）
生伽羅麹
濃口醤油
すだちのしぼり汁
白胡麻落雁、黒胡麻落雁（163頁の「胡麻のゼリー寄せ」の作り方を参照）
わさび
※生伽羅麹は、栃木県那須郡の㈱つまし

しろ田から健康食品として市販されている商品で、そのまま、あるいは水に溶いて飲むペースト状のもの。ここでは調味材料として使用した。

【作り方】

①黒胡麻豆腐を仕込む。昆布だしと当たり胡麻、生伽羅麹、吉野葛、塩、味醂を合わせて30分ほど弱火に近い中火で、ゆっくりと時間をかけてつやが出るまで練る。これを流し缶に移し、蒸気の上がった蒸し器に入れ、中火で15分ほど蒸す。

②一番だしと調味料類を合わせて張り地を作る。

③黒胡麻豆腐を流し缶から抜いて器に置き、胡麻落雁とおろしわさびをあしらう。張り地を張る。

野菜の油煮

（カラー29頁）

【材料】

じゃが芋（メークイン）
南瓜
ごぼう
トマト（加熱用）
ソーセージ
EXVオリーブ油
●蓼ポン酢
蓼
ポン酢（※5）

【作り方】

①じゃが芋と南瓜は大きめに切り、かために蒸す。

②ごぼうは茹でて芯を抜き、管ごぼうにする。

③トマトはヘタを取り、湯むきして、かために下茹でする。

④蓼の葉を庖丁で細かく刻み、ポン酢に加える。

⑤小振りの鉄鍋に、①〜③の材料とソーセージを並べ、オリーブ油をひたひたになるくらい入れ、蓋をして火にかける。

⑥油が充分に熱くなったら敷板にのせて、蓼ポン酢とともにお出しする。

冷製おでん

（カラー30頁）

【材料】

ミニトマト（赤・黄・オレンジ・黒）
うずらの卵
綱こんにゃく
厚揚げ
梨
●冷製おでんの浸し地
昆布だし（122頁参照）…1ℓ
イカそうめん（乾物）…100g
ミニソーセージ…4本
塩…適量
味醂…適量
木の芽

【作り方】

①冷製おでんの浸し地を作る。昆布だしにイカそうめんとミニソーセージを入れて中火にかけ、煮出してだしを引く。沸騰したらアクをすくい、塩と味醂で味を調え、冷ましておく。

②ミニトマトはヘタを取り、湯むきする。うずらの玉子は茹でて、殻をむく。綱こんにゃくは茹でこぼして、乾煎りする。厚揚げは熱湯をかけて油抜きをして、食べやすく切る。梨は皮をむいてひと口大に切り、熱湯に10秒ほどくぐらせ、ざるに上げて冷ます。

③②の材料を、浸し地に入れ、丸1日漬けておく。

④器に③と浸し地を盛り付け、木の芽を散らす。

海老芋飛龍頭の柴蒸し

（カラー31頁）

【材料】

海老芋
●海老芋の煮汁（割合）
一番だし（122頁参照）…8
酒…1
味醂…1
白醤油…1
塩…少々
●飛龍頭の生地（作りやすい量）
木綿豆腐（水気を絞ったもの）…100g
白身魚のすり身…40g
卵の素（※6）…大さじ1
砂糖…少々
薄口醤油…少々
●柴蒸しの具
ごぼう…40g
うど…30g
人参…15g
豚の背脂…15g
柴蒸しの具の浸し地（割合）
一番だし…8
酒…1
味醂…1
白醤油…1
塩…少々
卵白…1個分
●美味あん（割合）
一番だし…8
酒…1
味醂…1
薄口醤油…1
塩…少々
吉野葛…適量
青ねぎ
紅葉おろし

【作り方】

①海老芋は皮をむき、下茹でをして煮汁で炊く。

②木綿豆腐を茹でて重石をし、水気を絞って裏漉しをする。白身魚のすり身、卵の素を加えて当たり鉢でよく当たる。調味料を加えて飛龍頭の生地とする。

③①の海老芋を切り、小麦粉を振って②と合わせ、丸めてサラダ油で揚げる。その後、油抜きをして煮汁で炊く。

④柴蒸しの具の野菜と豚の背脂をそれぞれ大きさを揃えて細切りにして湯でさっと茹で、白八方だしと同じ浸し地で味を含める。

⑤④に泡立てた卵白を混ぜ、③の飛龍頭にこんもりとのせて蒸す。

⑥美味あんを作る。一番だしに調味料を加え、水溶きにした吉野葛を加えてとろみを付ける。

⑦⑤を盛り付け、青ねぎと紅葉おろしを天に盛り、美味あんを張る。

大根餅　菜の花　パプリカ　二見椎茸の煮合わせ

（カラー32頁）

[材料]

●大根餅
大根おろし…200g
白玉粉…50g
塩…少々

●アンチョビしんじょ（作りやすい量）
アンチョビ…小さじ1
白身魚のすり身…100g
味醂…少々
濃口醤油…隠し味程度

生椎茸

●椎茸の煮汁（割合）
一番だし（122頁参照）…8
酒…1
味醂…1
濃口醤油…1
塩…少々

菜の花
赤パプリカ

●菜の花と赤パプリカの浸し地
一番だし
塩
薄口醤油
味醂

●鶏のスープあん
ソップだし（123頁参照）
昆布酒（※7）
塩
吉野葛

百合根
木の芽

[作り方]

①大根餅を作る。大根を粗くおろして軽く水気を絞り、白玉粉を加えて耳たぶくらいのやわらかさになるまで練り、塩で味を調えて流し缶に入れ、15分ほど蒸す。
②アンチョビしんじょを作る。アンチョビを細かく刻んで白身魚のすり身と合わせ、味醂、濃口醤油で味を調える。軸を落とした生椎茸の傘の内側にはりつけて蒸す。これを煮汁で煮含める。
③菜の花はさっと茹でて氷水に取る。パプリカは種を取り除いて細い短冊に切る。それぞれ浸し地に含ませる。
④百合根は鱗片をはずし、それぞれ花びらにむく。塩を振って蒸す。
⑤鶏のスープあんを作る。ソップだしに昆布酒、塩を加えて調味し、葛を引く。
⑥蒸し上がった大根餅を桜の花に抜いて器に盛り付け、③の菜の花、パプリカ、②の椎茸を盛り合わせ、鶏のスープあんを張る。木の芽をあしらう。

野菜白玉餅

（カラー33頁）

[材料]

●ほうれん草の白玉餅
ほうれん草（茹でたもの）…20g
昆布だし（122頁参照）…10㎖
白玉粉…20g
砂糖…適量
塩…適量

●南瓜の白玉餅
南瓜（蒸したもの）…30g
白玉粉…20g
砂糖…少々
塩…少々

●ビーツの白玉餅
ビーツ（蒸したもの）…10g
昆布だし…15㎖
白玉粉…20g
砂糖…少々
塩…少々

●長芋の白玉餅
長芋（蒸したもの）…30g
昆布だし…10㎖
白玉粉…20g
砂糖…少々
塩…少々

●紫芋の白玉餅
紫芋（蒸したもの）…30g
昆布だし…30㎖
白玉粉…20g
砂糖…少々
塩…少々

●人参の白玉餅
人参（蒸したもの）…30g
白玉粉…20g
砂糖…少々
塩…少々

●銀あん（割合）
一番だし（122頁参照）…8
味醂…1
薄口醤油…0.5
吉野葛…適量

[作り方]

①ほうれん草は塩を加えた湯で茹で、冷水に取り、水気を絞る。南瓜、ビーツ、長芋、紫芋、人参はそれぞれやわらかく蒸す。これらを裏漉しにかける。
②それぞれの野菜の裏漉しに、必要な昆布だしと白玉粉を加えて合わせ、砂糖と塩で調味して餅の生地を作る。
③②を熱湯で茹で、浮き上がってきたら取り出して余分な水気をふき、器に盛る。
④一番だしに味醂、薄口醤油を加えて調味し、吉野葛を引いて銀あんを作り、餅に張る。

南瓜塩釜焼き

（カラー34頁）

[材料]

南瓜

●塩釜
粗塩
卵白

粗塩
卵白
煮梅（※8）

[作り方]

①南瓜は皮を残して木の葉の形にむく。
②①を酒で湿らせた和紙に包み、粗塩と卵白を合わせた塩釜でしっかりと覆って、180℃のオーブンに入れて30〜40分かけて焼く。
③煮梅を添えて提供する。

キャベツのトマト田楽　挟み焼き

（カラー35頁）

【材料】

キャベツ

●トマト田楽味噌（作りやすい量）

トマト…100g

西京味噌…20g

トマトケチャップ…30g

卵の素（※6）…10g

酒…少々

濃口醤油…少々

【作り方】

①キャベツは葉を1枚1枚はがして盆ざるに並べ、3日間陰干しする。

②トマト田楽味噌を作る。トマトは湯むきし、果肉をみじん切りにして西京味噌やトマトケチャップなどの調味料類を合わせて混ぜ、味を調える。

③①のキャベツの葉にサラダ油をぬり、トマト田楽味噌を挟みながら数段重ねてオーブンで焼く。金串を刺して中心が温かくなるまで焼いたら切り分け、器に盛り付ける。

新じゃが芋のゆかり焼き

（カラー36頁）

【材料】

新じゃが芋

●新じゃがに鋳込む具

枝豆…適量

ゆかり…40g

卵の素（※6）…120g

芽ねぎ

【作り方】

①新じゃが芋の皮をむき、4㎝四方、1.5㎝の厚さに切り、くり抜きで中央を丸く抜いて水にさらす。水気を切り、熱したサラダ油で素揚げする。

②新じゃが芋に鋳込む具を作る。枝豆は塩を加えた熱湯で茹で、薄皮をむいてみじんに切る。ゆかり、卵の素を合わせる。

③②を①のじゃが芋のくぼみに詰め、天火で焼き色が付く程度に軽く焼く。

④器に盛り付け、芽ねぎを天盛りする。

漬け物巻繊焼き

（カラー37頁）

【材料】

●巻繊地（作りやすい量）

木綿豆腐…1丁

山芋（すりおろし）

…豆腐の1／3の量

砂糖…適量

薄口醤油…適量

塩…少々

千枚かぶ

べったら漬け

ザーサイ

水菜漬け

人参のぬか漬け

胡麻油

小麦粉

薄揚げ

刻み海苔

【作り方】

①巻繊地を作る。木綿豆腐は重石をかけて水切りをし、裏漉しする。当たり鉢に移し、すりおろした山芋とよくすり混ぜ、調味料で味を調える。

②漬け物各種は水気を切り、かぶ、べったら漬け、ザーサイ、人参はせん切りにする。水菜は漬け物の長さに揃えて切る。材料を混ぜて胡麻油を加え、しばらく置き、なじんだら水気を絞り、小麦粉を軽くまぶす。これを①に加え、巻繊地とする。

③サラダ油を熱した玉子焼き鍋で、②の生地をゆっくりと焼く。

④巻繊焼きを切り、器に盛り付ける。油抜きしてから細切りし、フライパンでから炒りした薄揚げと刻み海苔を前盛りにする。

慈姑どら焼き

（カラー38頁）

【材料】（作りやすい量）

●くわいどら焼きの生地

くわい…10個

小麦粉…25g

卵の素（※6）…15g

砂糖…5g

塩…少々

胡麻（黒）

べったら漬け

七味唐辛子

【作り方】

①くわいは皮をむいて水にしばらく浸す。水気をふき取ってすりおろし、小麦粉、卵の素を合わせる。砂糖、塩で味を調え、サラダ油を熱した玉子焼き鍋で焼く。胡麻を表面にをまぶして、さらに軽く焼き付ける。

②①を切り分けて器に盛り、七味唐辛子を振ったべったら漬けを前盛りにする。

茄子鋳込み巻繊焼き利久味噌かけ

（カラー39頁）

【材料】

小茄子

●茄子に鋳込む巻繊地

高野豆腐

高野豆腐の煮汁（割合）

一番だし（122頁参照）…8

酒…1

味醂…1

薄口醤油…1

塩…少々

人参

キクラゲ（生）

クコの実（乾物）

塩

砂糖

卵

三つ葉

●利久味噌

白玉味噌（※9）

当たり胡麻（白）

味醂

濃口醤油

●杏甘煮
杏…適量
薄蜜
［水…180㎖
　砂糖…30g
●はじかみ
谷中生姜
合わせ酢（割合）
［味醂甘酢（※4）…1
　昆布だし（122頁参照）…1

［作り方］
①小さめの茄子の中身をくり抜き、みょうばん水に浸してアク止めをする。
②茄子に鋳込む巻繊地を用意する。まず、高野豆腐を戻す。重曹を加えたぬるま湯に浸し、取り出してみて芯が残っていなければ水を替え、濁りがなくなるまで押し洗いをする。高野豆腐用の煮汁で水気を絞ってちぎった高野豆腐を弱火で煮含める。冷めるまで置いて味を含める。人参はせん切りする。キクラゲは細かく刻む。クコの実は40℃のぬるま湯に入れ、冷めるまでおいて戻す。
③鍋に油を熱し、くり抜いた茄子の中身、②の高野豆腐、人参、キクラゲを炒め、塩と砂糖で調味をする。仕上がりに溶き卵を流し入れ、火からおろして混ぜる。冷めたら三つ葉とクコの実を加える。卵は、高野豆腐1枚に対し1個使う。
④①の小茄子に③の巻繊地を詰めて焼く。
⑤利久味噌を仕込む。白玉味噌に当たり胡麻を加え、調味料で味を調える。
⑥杏甘煮を仕込む。水に砂糖を溶かして薄蜜を作り、干し杏を入れて沸かす。火を止めてそのまま鍋止めし、冷ましながら味を含ませる。
⑦はじかみを仕込む。谷中生姜をそうじしてさっと湯通しをし、塩を振る。合わせ酢に漬け込んで色を出す。
⑧焼いた小茄子を盛り、杏甘煮とはじかみを添え、季節の葉ものをあしらう。利久味噌を別添えする。

奈良漬け胡麻からし焼き

（カラー40頁）

［材料］
奈良漬け
酒（甘口）
●焼きだれ（作りやすい量）
当たり胡麻（白）…50g
練りがらし…10g
赤酒…15㎖
薄口醤油…10㎖
卵黄…2個
昆布だし（122頁参照）…適量
長ねぎ

［作り方］
①焼きだれを作る。白の当たり胡麻、練りがらし、赤酒、薄口醤油、卵黄、昆布だしを合わせて味を調える。
②奈良漬けはひと口大に切り、甘口の酒に1時間ほど浸して適度に甘味を抜く。水気を切り、焼きだれをからめて天火で焼く。
③②を盛り、白髪ねぎを天盛りする。

野菜の持ち味で　絶妙な味わいに

季節野菜の混ぜ和え

（カラー42頁）

［材料］
胡瓜
茗荷
茄子
パプリカ
ズイキ
大根
●胡瓜・茗荷・茄子・パプリカの浸し地
昆布だし（122頁参照）
砂糖
塩
●和え衣（割合）
昆布だし…3
濃口醤油…2
酒…1
赤酒…1
刻み海苔

［作り方］
①胡瓜は塩でみがいて薄切りに、茗荷は薄切りに、茄子はヘタを落として薄切りにし、それぞれ湯で湯がく。パプリカは細切りにして湯がく。これらは熱いうちに、氷を加えて冷やした浸し地にそれぞれ含めておく。ズイキは生のまま3〜4等分に裂いて束ね、大根おろしを加えた熱湯で茹でて水にさらす。その後、水気を切って短冊に切る。
②だしと調味料を合わせて和え衣を作る。
③①の野菜類を②で和え、器に盛り付ける。刻み海苔を天盛りする。

胡瓜おろし和え

（カラー43頁）

［材料］
オクラ
なめこ
べったら漬け

●胡瓜おろし
胡瓜
胡麻油
かぼすのしぼり汁
薄口醤油
塩
赤酒
ウズラの卵

[作り方]

①オクラは塩でみがいて端を落とし、種を取り除いて輪切りにする。なめこはさっと湯通しをしてぬめりを落とす。べったら漬けは小角に切る。

②和え衣の胡瓜おろしを作る。胡瓜は塩でみがいて皮付きのまますりおろし、かぼすのしぼり汁、調味料を加えて混ぜ、味を調える。

③オクラ、なめこ、べったら漬けを②の和え衣で和えて器に盛り付け、ウズラの卵黄を天盛りする。

冬瓜おろし和え

（カラー44頁）

[材料]
生椎茸
そら豆
百合根
●冬瓜おろし
冬瓜
甘酢（※10）
塩
薄口醤油

[作り方]

①和え衣の冬瓜おろしを作る。冬瓜は厚めに皮をむいてすりおろし、甘酢、塩、薄口醤油を合わせて味を調える。

②生椎茸は石突きを取り除いてさっと焼き、食べやすく切る。そら豆は塩を加えた熱湯で茹でる。百合根は1枚1枚はがして汚れをふき取り、塩を振って蒸す。

③椎茸、そら豆、百合根を①の冬瓜おろしで和え、器に盛り付ける。

茄子皮のひともみ柚子風味

（カラー45頁）

[材料]
茄子
●茄子皮の浸し地
一番だし（122頁参照）
塩
薄口醤油
味醂
おろし柚子（※11）

[作り方]

①茄子はヘタを落として皮をかつらにむき、せん切りにする。

②一番だし、酒、塩を合わせた浸し地を作り、茄子皮を浸しして軽くもみ込む。味がなじんだら水気を切る。

③浸した茄子の皮を器に盛り、おろし柚子を天盛りする。

揚げ茄子のアボカド盛り からしあんかけ

（カラー46頁）

[材料]
アボカド
レモン
茄子
●茄子の煮汁（割合）
ソップだし（123頁参照）…8
酒…1
味醂…1
薄口醤油…1
塩…適量
トマト
塩
●からしあん
銀あん（割合）
一番だし（122頁参照）…8
味醂…1
薄口醤油…0.5
吉野葛…適量
和がらし
茗荷

[作り方]

①アボカドは縦半分に切って種を取り、レモン汁を振ってオーブンで焼く。茄子はガクを取り茶筅に切って素揚げにし、煮汁でさっと含ませる。トマトは薄切りして塩を振り、陰干しして水分を抜く。これをオーブンで焼く。

②からしあんを作る。一番だしに調味料を加え、水溶きした吉野葛を引いて銀あんを作り、和がらしを溶いて味を調える。

③器に①のアボカドを置いて焼いたトマト、茶筅茄子、干しトマトの順に盛り付ける。からしあんをかけ、細切りした茗荷を添える。

茄子そばのとろろ野菜かけ

（カラー47頁）

[材料]
米茄子
片栗粉
長芋
なめこ
ドライプルーン
じゅんさい
オクラ
とんぶり
●とんぶりの浸し地
二番だし（※12）
甘酢（※10）
●割りポン酢だし（割合）
イリコと昆布とカツオ節の合わせだし（123頁参照）…5
ポン酢（※5）…1

[作り方]

①米茄子はヘタを落として皮をむき、みょうばん水に浸してアク止めをする。そうめんのように細切りにし、片栗粉をまぶしてサラダ油で揚げる。

②長芋の皮をむいて小角に切る。なめこは熱湯にさっとくぐらせて水気を切る。ドライプルーンは細かく刻む。じゅんさいは

よく洗い、塩を加えた湯でさっと茹でて色出しをし、氷水に落として色止めをする。オクラは塩でみがき、塩を加えた湯で茹で、冷水に取る。
③とんぶりは、たっぷりの湯に少々の塩と重曹を加えて茹で、その後水でさらす。二番だしで割った甘酢に浸して味を含ませる。
④割りポン酢だしを作る。イリコと昆布とカツオ節の合わせだしとポン酢を合わせる。
⑤器に①を盛り付けて、長芋、なめこ、ドライプルーン、じゅんさい、オクラ、とんぶりを飾り、割りポン酢だしを張る。

絹かわ茄子の月冠巻き

（カラー48頁）

[材料]
大根
●大根の浸し地
爪昆布
立て塩
絹かわ茄子
●絹かわ茄子の浸し地
一番だし（122頁参照）
塩
薄口醤油
味醂
●柚子おろし
大根
黄柚子
●編笠柚子（※13）
黄柚子
中蜜（※）
●割りポン酢
ポン酢（※5）
味醂

[作り方]
①大根を7～8cm幅のかつらむきにし、爪昆布を加えた立て塩に浸す。しんなりしたら水気をふき取る。
②絹かわ茄子を丸のまま油で1～2分ほど揚げ、氷水に落として熱を取る。冷めたら皮をむき、甘めの吸い地加減に調味した浸し地で味を含ませる。
③②の茄子の浸し地の水分を強めに絞り、①の大根で巻く。
④柚子おろしを作る。大根をおろして湯に通し、ざるに取る。これとおろした柚子を合わせる。
⑤③を器に合わせて切り、右巻きで綴じ目が前に来るように盛り付ける。柚子おろしと編笠柚子を前に盛り、ポン酢に味醂を少々加えた割りポン酢を添える。

茄子のそばクレープ巻き

（カラー49頁）

[材料]
茄子
●茄子の浸し地
一番だし（122頁参照）
塩
薄口醤油
味醂
●クレープの生地（3枚分）
そば粉…大さじ5
片栗粉…大さじ1
昆布だし（122頁参照）…80ml
塩…適量
味醂…適量
●銀あん（割合）
一番だし…8
味醂…1
薄口醤油…0.5
吉野葛…適量
生姜

[作り方]
①茄子はヘタの先を落とし、茄子の中心に菜箸などで穴をあけ、皮目に庖丁目を入れて焼く。焼けたら、自分の手を氷水に浸し、茄子が熱いうちに皮をむいて盆ざるに移す。これを浸し地に漬けて味を含ませる。
②クレープを焼く。材料を合わせて生地を作り、直径18cmほどのフライパンを使い、低めの温度で3枚焼く。
③①の焼き茄子の水分を絞り、②のクレープで巻き、蒸し器で1～2分ほど蒸す。
④銀あんを作る。一番だしに味醂、薄口醤油を加えて調味し、吉野葛を引いて銀あんにする。
⑤③を食べやすい大きさに切り分け、器に盛る。銀あんを張り、おろし生姜を天に盛る。刻んで揚げた茄子皮を手前にあしらう。

菊花真丈
蕪菁千段押し

（カラー50頁）

[材料]
菊花真丈
●菊花甘酢漬け
食用菊
甘酢（※10）
白身魚のすり身
卵黄
塩
砂糖
●かぶの阿茶羅漬け
かぶ
味醂甘酢（※4）
白板昆布
甘酢（※10）
長芋
なめこ
●なめこの浸し地
一番だし（122頁参照）
塩
薄口醤油
味醂
●加減酢（割合）
昆布だし（122頁参照）…6
酢…1
味醂…1
薄口醤油…1
●酢取り茗荷
茗荷
合わせ酢（割合）
「味醂甘酢…1
昆布だし…1
●いちょう丸十
さつま芋
いちょう丸十の煮汁（割合）
「一番だし…8
酒…1
味醂…1

白醤油…1
塩…少々
砂糖…少々
●松葉そば
茶そば
卵白
海苔
●クコの実のあしらい
クコの実（乾物）
クコの実の浸し地
一番だし
塩
薄口醤油
味醂

［作り方］
①菊花甘酢漬けを作る。食用菊の花びらをはずし、酢を加えた湯で茹でる。氷水に取って色止めをし、水気を絞り、甘酢に漬け込む。
②菊花真丈を作る。①の菊花甘酢漬けを水洗いし、水気をよくふき取る。白身魚のすり身、卵黄とともに合わせ、塩、砂糖で味を調える。流し缶に薄めに流し、蒸して固める。
③かぶの阿茶羅漬けを作る。かぶの皮をむき、4㎜ほどの厚さに切り、立て塩に浸して味醂甘酢に漬け込む。
④白板昆布を色出しする。銅鍋に塩と酢をすり込み、乾かして湯を張って沸かし、白板昆布を入れる。冷水に落とし、水でさらして甘酢に漬ける。
⑤②の菊花真丈、③のかぶの阿茶羅漬け、④の白板昆布をそれぞれ押し枠に合わせて切り、白板昆布、真丈、かぶ、白板昆布、真丈、かぶ、白板昆布の順に重ね、重石をかけてしばらく置く。
⑥酢取り茗荷は、茗荷をさっと茹で、合わせ酢に浸す。
⑦いちょう丸十は、さつま芋を型でいちょうの葉に抜き、くちなしの実とみょうばんを加えた湯で茹でる。水でさらしてやや甘めにした煮汁で煮含める。
⑧松葉そばは、茶そばを、卵白をぬった海苔で巻き、乾かして油で揚げる。
⑨乾燥したクコの実を40℃のぬるま湯に入れ、冷めるまでおく。甘めの吸い地加減に調味した浸し地で味を含ませる。
⑩長芋は細かく叩く。なめこはさっと茹でて浸し地に含ませておく。
⑪⑤を切り分け、酢取り茗荷、いちょう丸十、松葉そば、クコの実をあしらう。叩いた長芋を敷き、なめこを散らす。加減酢を張る。

千枚蕪と松茸の抹茶酢かけ

（カラー51頁）

［材料］
千枚かぶ（市販品）
松茸
●抹茶酢
甘酢（※10）…180㎖
土佐醤油（※14）…15㎖
吉野葛…適量
抹茶…大さじ1
●松葉そうめん
そうめん（乾麺）
卵白
カツオ節（海苔やおぼろ昆布でもよい）

［作り方］
①松茸は軸を取り除いて笠の裏側に塩、酒を振りかけて焼き、ひと口大に切る。
②千枚かぶは松茸の大きさに揃えて切る。
③抹茶酢を作る。鍋に甘酢、土佐醤油を入れて合わせ、火にかけて水溶きした吉野葛を加え、よく冷まして抹茶を加える。
④松葉そうめんは、そうめんを好みの長さに切り、2本を合わせて片方の端に卵白をぬり、カツオ節で巻き止めてサラダ油で揚げる。
⑤器に千枚かぶと松茸を盛り付け、抹茶酢をかけて松葉そうめんをあしらう。

里芋と南瓜　袱紗揚げ

（カラー52頁）

［材料］
里芋
●里芋の煮汁（割合）
一番だし（122頁参照）…8
赤酒…1
酒…1
白醤油…1
塩…少々
南瓜
浮き粉
●胡麻豆腐（作りやすい量）
当たり胡麻（白）…40g
昆布だし（122頁参照）…180㎖
吉野葛…20g
●白扇衣
卵白…1／2個
片栗粉…大さじ2
小麦粉…大さじ1
冷水…大さじ3～4
●松葉そうめん
茶そうめん
酒
カツオ節
片栗粉

［作り方］
①里芋の皮をむき、煮汁で炊く。南瓜は塩を振って蒸す。それぞれ裏漉しにかけ、浮き粉をそれぞれ10gずつ加えて袱紗の生地とする。
②胡麻豆腐を仕込む。昆布だしと当たり胡麻と葛粉を合わせて30分ほど火にかけ、弱火に近い中火で、ゆっくりと時間をかけてつやが出るまで練る。茶巾の形に取って冷ます。
③②の胡麻豆腐に小麦粉を打ち粉として振り、①の生地で包んで茶巾に絞って蒸す。さらに小麦粉を振り、油で揚げる。
④泡立てた卵白に粉類や冷水を合わせて白扇衣を作り、紅葉の葉に白扇衣を付け、油で揚げる。
⑤茶そうめんに、酒を振ったカツオ節を巻き、片栗粉で止めて油で揚げる。
⑥袱紗揚げを器に盛り、紅葉の葉と松葉そうめんをあしらう。

菊菜と菊花ととんぶり

（カラー53頁）

[材料]
菊菜
食用菊
●菊菜と菊花の浸し地
一番だし（122頁参照）
塩
薄口醤油
味醂
とんぶり（生）
●とんぶりの浸し地
二番だし（※12）
甘酢（※10）

[作り方]
①菊菜は塩を加えた熱湯で茹で、鍋から取り出す直前に少々の重曹を加えて色出しして、すぐに氷水に落として色止めし、水気を切って切る。
②食用菊は塩、少々の酢を加えた熱湯で茹で、氷水に落とした後、水気を絞る。
③一番だしに調味料を加えて浸し地を作り、菊菜と食用菊に下味を付ける。
④とんぶりはたっぷりの湯に少々の塩と重曹を加えて茹で、その後水でさらす。二番だしで割った甘酢に浸して味を含ませる。
⑤③を器に盛り付け、とんぶりを天盛りする。

野菜の白和え

（カラー54頁）

[材料]
ゴーヤ
人参
こんにゃく
生椎茸
栗
●白和えの材料の浸し地
一番だし（122頁参照）
酒
塩
薄口醤油
●白和え衣（作りやすい量）
木綿豆腐…1／2丁
汲み上げ湯葉…100g
白胡麻…50g
白味噌…18g
砂糖…10g
塩…少々
薄口醤油…少々
赤芽

[作り方]
①ゴーヤは縦半分に切って種を取り除き、薄切りして軽く炒め、酒と塩で下味を付ける。
②人参は皮をむいて短冊に切り、こんにゃくも短冊に切り、それぞれ軽く湯がく。生椎茸は石づきを取り、焼いて細切りにする。栗は鬼皮と渋皮をむき、蒸してから焼いて細かく刻む。これらはそれぞれ吸い地加減に調味した浸し地に含ませておく。
③白和え衣を作る。木綿豆腐は重石をかけて水気を絞り、裏漉しをする。当たり鉢に移してよくすり混ぜ、汲み上げ湯葉も加える。白胡麻や調味料を加えて味を調える。
④①、②を白和え衣で和えて器に盛り付け、赤芽をあしらう。

軸白菜 えのき茸 ラ・フランスの納豆かけ

（カラー55頁）

[材料]
白菜
えのき茸
●白菜の煮汁（割合）
一番だし（122頁参照）…8
薄口醤油…0.3
味醂…0.3
塩…少々
ラ・フランス
●ラ・フランスの浸し地
昆布だし（122頁参照）
酒
塩
味醂
●納豆和え
ひきわり納豆…50g
うずらの卵黄…1個分
濃口醤油…適量
味醂…少々
かんずり（柚子胡椒でもよい）…適量
すだち

[作り方]
①白菜は葉をはがして盆ざるに並べ、ひと晩風干しする。
②白菜は繊維に沿って細切りにし、煮汁で煮含める。
③えのき茸は根元を落とし、糸で束ねて熱湯で茹で、②の白菜の煮汁で煮含める。
④ラ・フランスは皮をむき、白菜の長さに揃えて細切りにして、浸し地に浸す。
⑤納豆和えを作る。ひきわり納豆にうずらの卵黄を合わせ、濃口醤油、味醂、かんずりで味を調える。
⑥器に白菜、えのき茸、ラ・フランスを同量ずつまとめて盛り付け、納豆和えを鞍がけする。櫛形に切ったすだちを前盛りする。

厚揚げの薯蕷蒸し

（カラー56頁）

[材料]
厚揚げ
濃口醤油
●薯蕷蒸しの生地
大和芋（すりおろし）…100g
卵白…1個分
吉野葛…大さじ1
塩…少々
●銀あん（割合）
一番だし（122頁参照）…8
味醂…1
薄口醤油…0.5
吉野葛…適量
オクラ
かんずり

[作り方]
①厚揚げはひと口大に切って油抜きをし、濃口醤油をぬりながら焼く。
②薯蕷蒸しの生地を作る。大和芋は皮をむいてすりおろし、泡立てた卵白と合わせて吉野葛と塩を加える。
③バットに①を並べて②をかけて蒸し器に入れ、中火で蒸す。

④オクラは塩でみがいて茹でて色を出す。天地を落として種を取って切る。
⑤銀あんを作る。一番だしに味醂、薄口醤油を加えて調味し、吉野葛を引いて銀あんにする。
⑥薯蕷蒸しを器に盛り付けて銀あんを張る。④のオクラとかんずりを添える。

揚げ阿茶羅漬け

（カラー57頁）

[材料]
ズッキーニ
茄子
カリフラワー
人参
南瓜
栗
●阿茶羅酢（割合）
甘酢（※10）…1
昆布だし（122頁参照）…1
塩…少々
タカノツメ…少々

[作り方]
①阿茶羅漬け用の阿茶羅酢を作る。甘酢と昆布だしを1対1で合わせる。塩とタカノツメも加えて火を入れ、冷ましておく。ズッキーニ用の阿茶羅酢は、酢を少し控え、漬けたのちに緑色が飛ばないようにする。
②ズッキーニ、茄子、カリフラワーを切り、生のまま油で揚げ、熱いうちに①の阿茶羅酢にそれぞれ落とす。人参、南瓜、栗は白水で下茹でをし、水でさらし、水気を切って油で揚げる。熱いうちに阿茶羅酢に落とし、味をしみ込ませる。
③盛り付ける。

九条葱と湯葉の京ぬた

（カラー58頁）

[材料]
九条ねぎ
汲み上げ湯葉
●湯葉の煮汁（割合）
昆布だし（122頁参照）…8
味醂…1
酒…1
薄口醤油…1
●酢味噌
白玉味噌（※9）…50g
酢…15mℓ
和がらし…適量
紅蓼

[作り方]
①九条ねぎは下茹でし、しごいてぬめりを取って切る。
②汲み上げ湯葉は食べやすい大きさに切り、煮汁で湯葉をさっと温める程度に煮て鍋から引き上げ、水気を切る。
③酢味噌を作る。白玉味噌に酢と和がらしを加えてよく混ぜる。
④九条ねぎと汲み上げ湯葉を酢味噌で和えて器に盛り付け、紅蓼を天に飾る。

焼き葱酢漬け

（カラー59頁）

[材料]
長ねぎ
●三杯酢（割合）
昆布だし（122頁参照）…3
酢…1
土佐醤油（※14）…1
赤酒…少々
●胡瓜の阿茶羅漬け
胡瓜
割り甘酢（割合）
甘酢（※10）…1
昆布だし…1
爪昆布…適量
トマト
花カツオ
ウズラ卵

[作り方]
①昆布だしと調味料を合わせて三杯酢を作る。
②長ねぎをひと口大の筒切りにして串を打ち、サラダ油をぬり、天火でよく焼く。熱いうちに三杯酢に1時間ほど漬け込む。
③胡瓜の阿茶羅漬けを仕込む。胡瓜を切り、さっと茹でてから熱いうちに割り甘酢に漬け込む。
④トマトは湯むきして皮を取り、細かく刻む。胡瓜の阿茶羅漬けは細かく刻む。ウズラの卵は茹でる。
⑤器に②の長ねぎを並べ、トマト、胡瓜の阿茶羅漬けをのせて花カツオを散らす。三杯酢を張り、ウズラの茹で卵を切って天盛りする。

沢煮椀

（カラー60頁）

[材料]
かんぴょう
太白胡麻油
薄揚げ
ごぼう
人参
うど
●野菜の浸し地
昆布だし（122頁参照）
塩
薄口醤油
味醂
●吸い地
昆布だし
酒
塩
濃口醤油
吉野葛
三つ葉
青柚子

[作り方]
①かんぴょうに塩と重曹を加えてよくもみ、水洗いをして戻す。水気を切り、せん切りし、熱した太白胡麻油に通す。
②薄揚げをせん切りし、熱湯に通して油抜きをする。
③ごぼうと人参は、かつらむきしてせん切りする。うどは皮をむいてかつらむきにする。細く切って酢水にさらし、アク止めをする。それぞれさっと茹でる。
④①のかんぴょう、②の薄揚げ、③の野菜を、

吸い地加減に調味した浸し地に含ませる。

⑤昆布だしに調味料を加え、水溶きした吉野葛を加えて吸い地を作る。

⑥椀に④の具を入れ、⑤の吸い地を張る。三つ葉の軸を盛り、青柚子を刻んで天に添える。

蕨 春どんこ 湯葉の炊き合わせ

（カラー61頁）

［材料］

わらび
生椎茸
●わらびと椎茸の煮汁（割合）
一番だし（122頁参照）…8
味醂…1
酒…1
薄口醤油…1
汲み上げ湯葉
●汲み上げ湯葉の煮汁（割合）
昆布だし（122頁参照）…8
味醂…1
酒…1
薄口醤油…1
砂糖…少々
木の芽

［作り方］

①わらびの下ごしらえをする。わらびをバットに並べて灰を振り、熱湯を注いでひと晩おいてアク抜きをする。水洗いをして熱湯で下茹でする。

②生椎茸は石づきを落とす。

③だしに調味料を合せて2種類の八方だしを用意する。わらびと椎茸、汲み上げ湯葉をそれぞれ煮含める。

④わらびと椎茸を器に盛り合わせ、木の芽を天盛りにする。

筍若芽巻き 蕨 マッシュルーム

（カラー62頁）

［材料］

筍
●筍の煮汁（割合）
イリコと昆布とカツオ節の合わせだし（123頁参照）…8
酒…0.5
味醂…1
薄口醤油…1
ワカメ
わらび
●わらびの浸し地（割合）
一番だし（122頁参照）…8
薄口醤油…0.5
味醂…0.5
マッシュルーム
●マッシュルームの煮汁（割合）
一番だし…8
酒…1
味醂…1
薄口醤油…0.5
木の芽

［作り方］

①筍はぬかとタカノツメを加えた水から茹で、鍋に入れたまま茹で汁ごとひと晩鍋に入れておく。翌日に鍋から筍を取り出し、皮をむいて水でよくさらす。

②筍の先端を落として切り分け、煮汁で煮含める。煮上がった筍を取り出し、ワカメを筍に巻き付け、再度鍋に戻して味を含める。

③わらびはバットに並べて灰を振って熱湯をかけ、冷めるまで置いてアク抜きをし、水洗いをする。一番だしと調味料を合わせて吸い地加減に調味した浸し地を作り、わらびに味を含ませる。

④マッシュルームは汚れをふき、サラダ油で素揚げする。いったん熱湯にくぐらせて油抜きをし、煮汁で煮含める。

⑤器に筍とわらび、マッシュルームを盛り、木の芽を添える。

新蓮根蒸し

（カラー63頁）

［材料］

蓮根…150g
浮き粉…5g
塩…適量
●蓮根に混ぜる具
銀杏
銀杏の浸し地
　一番だし（122頁参照）
　塩
　薄口醤油
　味醂
才巻海老
●梅あん
梅肉…大さじ1
一番だし…400㎖
塩…少々
味醂…少々
吉野葛…適量
●あしらい用の蓮根
蓮根
昆布だし（122頁参照）
酢
塩
●クコの実のあしらい
クコの実（乾物）
クコの実の浸し地
　一番だし
　塩
　薄口醤油
　味醂
松の実
わさび

［作り方］

①蓮根の皮をむき、みょうばん水に浸してアク抜きをする。すりおろしてざるに取る。

②①の蓮根と、ざるから落ちた水分に沈殿したデンプンを取り出して混ぜ、浮き粉を足して塩で味を付ける。

③蓮根蒸しに加える具を準備する。銀杏は皮をむいて茹で、吸い地程度に味を調えた浸し地に含ませる。才巻海老は塩を加えた湯でさっと茹でる。

④②に③の銀杏と才巻海老の塩茹でを詰めて丸め、中火で蒸す。

⑤あしらい用の蓮根は、薄く切り、酢を加えた湯で茹でたのち、昆布だしに酢と塩を

加えた地でさっと炊く。
⑥乾燥したクコの実を40℃のぬるま湯に入れ、冷めるまでおく。甘めの吸い地加減に調味した浸し地で味を含ませる。
⑦梅あんを作る。一番だしに梅肉と調味料を加えて味を調え、水溶きした吉野葛でとろみを付ける。
⑧器に蒸した蓮根蒸しを置き、薄切りしたあしらい用の蓮根をのせ、クコの実、炒った松の実、茹でた銀杏、細く切ったわさびをあしらう。梅あんを張る。

筍八方炊き 蕗信田巻き 椎茸旨煮

（カラー64頁）

[材料]

筍
●筍の煮汁（割合）
イリコと昆布とカツオ節の合わせだし（123頁参照）…8
酒…1
味醂…0.5
薄口醤油…1
蕗
●蕗と薄揚げの煮物
薄揚げ
かんぴょう
蕗と薄揚げの煮物の煮汁（割合）
昆布だし（122頁参照）…8
味醂…0.5
薄口醤油…0.5
塩…少々
●椎茸旨煮
生椎茸
昆布
椎茸の煮汁（割合）
昆布だし…5
酒…1
味醂…0.5
砂糖…1
濃口醤油…1
木の芽

[作り方]

①筍は、ぬかとタカノツメを加えた水で茹で、鍋に入れたまま茹で汁ごとひと晩鍋に入れておく。翌日に鍋から筍を取り出し、皮をむいて水でよくさらす。切り分けて、煮汁で煮含める。
②蕗を好みの長さに切って塩でみがき、皮をむいて塩を加えた熱湯で茹でる。鍋から取り出す直前に重曹を加えて色出しとアク抜きをし、冷水に取って色止めをする。薄揚げは油抜きして水気を切り、三方を切って広げる。かんぴょうは水に浸して戻し、細くさく。
③蕗を煮汁に浸して味を含ませる。取り出した蕗は薄揚げで裏巻きにしてかんぴょうで結ぶ。これを鍋に戻して煮含める。
④生椎茸は石づきを取り除き、昆布を敷いた鍋に並べる。煮汁で煮汁がなくなるまで煮含める。
⑤筍の煮汁と蕗の煮汁を合わせる。
⑥器に筍、蕗、椎茸を盛り付け、⑤を張り、木の芽をあしらう。

筑前煮

（カラー65頁）

[材料]

筍
ごぼう
人参
干し椎茸
里芋
こんにゃく
胡麻油
●煮汁（割合）
鶏ガラとイリコとカツオ節の合わせだし（124頁参照）…8
酒…1
味醂…1
砂糖…少々
濃口醤油…1
木の芽

[作り方]

①筍はぬかとタカノツメを加えた水で茹で、鍋に入れたまま茹で汁ごとひと晩鍋に入れておく。翌日に鍋から筍を取り出し、皮をむいて水でよくさらす。
②野菜類を切る。ごぼうは水洗いして乱切りにし、煮立たせた米のとぎ汁で茹でて水にさらす。人参は皮付きのまま乱切りにする。干し椎茸は砂糖と酒を加えた水で戻し、水気を絞る。里芋は小さめのものを用意して天地を落とし、熱したサラダ油でさっと素揚げして皮をむく。こんにゃくは他と大きさを揃えて切り、鍋でから煎りする。
③野菜類を胡麻油でよく炒め、煮汁を加え、煎り煮にする。
④器に盛り、木の芽をあしらう。

玉葱玉地蒸し

（カラー66頁）

[材料]

玉ねぎ
ソップだし（123頁参照）
塩
卵
ホタルイカ（ボイル）
生姜
青ねぎ

[作り方]

①玉ねぎは天地を落として皮をむき、芯の部分をくり抜く。釜にした玉ねぎとくり抜いた玉ねぎをそれぞれ塩味のソップだしで茹で、ざるに取って冷ます。
②①の、くり抜いた玉ねぎを茹でて裏漉し、100gに対して卵1個を合わせ、塩で味を調える。
③釜にする玉ねぎの内側に小麦粉を打ち粉として付け、②を詰めて蒸す。
④③を器に盛り、叩いたホタルイカ、針生姜、青ねぎをあしらう。

揚げ大根の含ませ煮

（カラー67頁）

[材料]

大根

●大根の煮汁（割合）
一番だし（122頁参照）…8
酒…1
味醂…1
薄口醤油…1
塩…少々
紅葉丸十
●いちょう丸十
さつま芋
素塩（※15）
●餅銀杏
銀杏
銀杏の浸し地（割合）
一番だし…8
酒…1
味醂…1
薄口醤油…1
塩…少々
●張り地
一番だし…8
酒…1
味醂…1
薄口醤油…1
塩…少々
青柚子

[作り方]

①大根を4㎝ほどの厚みに切り、皮をむく。角は丸くむき、裏側は十文字に隠し庖丁を入れる。
②①の大根を、そのまま150℃に熱したサラダ油に入れ、徐々に180℃に温度を上げながらで15分ほど時間をかけて揚げる。
③②の大根を、油を切らずに煮汁に加え、ひと煮立ちさせてそのまま鍋止めし、味を含ませる。
④あしらいの紅葉丸十といちょう丸十は、それぞれさつま芋を型で抜き、紅葉は赤の食紅で、いちょうはくちなしで色を付けて油で揚げ、素塩を振る。
⑤餅銀杏は、殻からはずし、皮をむき、重曹を入れた湯で落とし蓋をして煮る。これを甘めの吸い地加減に調味した浸し地で味を含めておく。
⑥③の大根を盛り付け、紅葉丸十といちょう丸十、餅銀杏、松葉柚子をあしらう。薄口八方だしを新しく作り、周囲に張る。

松茸丸炊き 栗焼き煮 茗荷油焼き

（カラー68頁）

[材料]

松茸
昆布
●松茸の煮汁（割合）
イリコと昆布とカツオ節の合わせだし（123頁参照）…10
砂糖…1
濃口醤油…1
酢…0.1
栗
●栗の煮汁（割合）
一番だし（122頁参照）…10
砂糖…0.3
薄口醤油…0.5
塩…少々
茗荷
●茗荷の浸し地（割合）
一番だし…8
酒…0.5
砂糖…0.3
薄口醤油…0.5
酢…0.2
黄柚子

[作り方]

①昆布は酒を振りかけて戻し、松茸を芯にしてゆるめに巻く。イリコと昆布とカツオ節の合わせだしと調味料で松茸の煮汁を用意し、松茸を巻いた昆布を煮含める。
②栗は鬼皮と渋皮をむき、米の研ぎ汁で茹で、煮汁で煮含める。その後天火で焼き色が付く程度に焼く。
③茗荷は縦半分に切り、サラダ油をぬって焼き、一番だしと調味料を加えた浸し地に含ませる。
④器に松茸、栗、茗荷を盛り付け、黄柚子を細切りにして天盛りする。

冬野菜高野巻き

（カラー69頁）

[材料]

海老芋
人参
堀川ごぼう
生椎茸
銀杏
●野菜用の煮汁（割合）
一番だし（122頁参照）…8
酒…1
味醂…1
白醤油…1
塩…少々
高野豆腐
●高野豆腐の煮汁（割合）
一番だし…8
酒…1
味醂…1
白醤油…1
塩…少々
白身魚のすり身
黄柚子

[作り方]

①野菜をどれも小角に切り、下茹でをする。それぞれ、煮汁で煮含める。
②高野豆腐を戻す。重曹を加えたぬるま湯に浸し、取り出してみて芯が残っていなければ水を替え、濁りがなくなるまで押し洗いをする。これを甘めに調味した煮汁で煮含める。
③①の野菜の水気を取り、小麦粉を打ち粉として振って白身魚のすり身と合わせる。
④②の高野豆腐の水気を取り、横に4枚に薄く切り分ける。小麦粉を振り、③を芯にして巻き、ラップで包む。これを中火で10分ほど蒸し、②の煮汁に戻して含めておく。
⑤④の冬野菜高野巻きを切って形を整え、煮汁とともに盛り付ける。刻み柚子を天盛りにする。

蕪鋳込み　胡桃巻繊

（カラー70頁）

［材料］

かぶ

●かぶの煮汁（割合）

昆布だし（122頁参照）…8

酒…2

味醂…1

塩…適量

●巻繊地（作りやすい量）

木綿豆腐…1丁

山芋（すりおろし）

…豆腐の1／3の量

砂糖…適量

薄口醤油…適量

塩…少々

●巻繊地の具

くるみ

人参

キクラゲ（乾物）

餅

豆腐よう

［作り方］

①かぶは大きめのものを用意して八方にむく。蓋に部分を切り、芯をくり抜いて薄めの米のとぎ汁で茹で、さらに湯通しをして、煮汁で煮含める。

②巻繊地を作る。木綿豆腐は重石をかけて水気をよく絞る。裏漉しして当たり鉢に移し、すりおろした大和芋を合わせ、調味料で味を調える。

③巻繊地の具を作る。くるみは熱したフライパンで煎って細かく刻む。人参は皮をむいてせん切りにする。キクラゲは水に浸して戻し、せん切りにする。餅はあられに切りサラダ油で揚げる。豆腐ようは細かく切る。

④③を②の巻繊地と混ぜ合わせてかぶに鋳込み、1つずつガーゼに包んで90℃の蒸し器で10分ほど蒸す。

⑤器に④のかぶの釜と蓋を盛り付ける。

緑筍　松前焼き

（カラー71頁）

［材料］

緑筍

昆布（10㎝大）

酒

塩

●酢取り茗荷

茗荷

合わせ酢（割合）

［味醂甘酢（※4）…1

　昆布だし…1

おぼろ昆布

［作り方］

①酢取り茗荷は、茗荷をさっと茹で、合わせ酢に浸す。

②緑筍を縦半分に切り、皮をむく。昆布は酒を振って湿らせておく。

③②の昆布に塩を振り、切った緑筍を挟んで中火のオーブンで12～13分ほど焼いて火を入れる。天火に移して焼き目を付ける。

④緑筍を食べやすく切り、器に昆布とともに盛り、天におぼろ昆布をのせる。酢取り茗荷をあしらう。

新里芋　山椒焼き

（カラー72頁）

［材料］

新里芋

●山椒だれ（作りやすい量）

青山椒…適量

白玉味噌（※9）…100g

濃口醤油…30㎖

味醂…少々

酒…少々

はちみつ…大さじ1

りんごの皮

［作り方］

①山椒だれを作る。青山椒は裏漉しをする。当たり鉢に移し、調味料類を加えてよくすり混ぜ、味を調える。

②新里芋は六方にむき、塩で軽くもみ、水洗いをしてぬめりを取り、バットに並べて蒸し器で蒸す。これに串打ちをして山椒だれをかけて焼く。

③器に盛り、細切りにして素揚げしたりんごの皮を天盛りする。

ぜんまい白酢かけ

（カラー74頁）

[材料]
ぜんまい（水煮）
●ぜんまいの浸し地（割合）
鶏ガラとイリコとカツオ節の合わせだし（124頁参照）…8
酒…1
味醂…1
薄口醤油…0.5
●白酢（作りやすい量）
木綿豆腐…1丁（200g）
汲み上げ湯葉…200g
クリームチーズ…100g
酢…適量
砂糖…適量
濃口醤油…少々

[作り方]
①ぜんまいは酢を加えた熱湯で茹で、水にさらして水気を切る。鶏ガラとイリコとカツオ節の合わせだし、調味料を吸い地加減に調味した浸し地で、味を含ませる。
②白酢を作る。木綿豆腐は重石をかけて水気をよく絞る。汲み上げ湯葉とともに裏漉しにかけ、当たり鉢に移し、クリームチーズと調味料を加えて味を調える。濃口醤油は隠し味程度に加える。
③①のぜんまいを食べやすい長さに切り揃えて器に盛り付け、白酢を鞍がけする。

トマト　玉葱　アボカドの山葵ドレッシングかけ

（カラー75頁）

[材料]
フルーツトマト
アボカド
玉ねぎ
●わさびドレッシング
わさび（すりおろし）…大さじ1
酢…30ml
薄口醤油…少々
胡麻油…75ml
塩…少々
昆布だし（122頁参照）…15ml

[作り方]
①フルーツトマトは湯むきをして小角に切る。アボカドは種と皮を取り除き小角に切る。玉ねぎは薄切りにして水にさらし、水気を切る。
②わさびドレッシングを作る。すりおろしたわさびに調味料とだしを加えて混ぜ、味を調える。
③①のトマト、アボカド、玉ねぎをドレッシングで和えて器に盛り付ける。

重ねサラダ　マヨ胡麻ドレッシング

（カラー76頁）

[材料]
枝豆
かぶ
アボカド
キウイ
トマト
●マヨ胡麻ドレッシング
胡麻油ドレッシング…30ml
マヨネーズ…15ml
当たり胡麻（白）…15ml
濃口醤油…5ml

[作り方]
①枝豆は塩茹でして実を取り出し、薄皮をむき、粗く刻む。かぶは皮をむいて薄切りにし、昆布を入れた立て塩に漬けてしんなりとさせる。アボカドはかぶの厚さに揃えて薄切りし、軽く塩、胡椒を振る。トマトとキウイは1cmほどの厚みに切る。
②セルクルに、アボカド、トマト、キウイ、かぶの順に、層が揃うように詰め、枝豆を上にのせる。ラップをかけて冷蔵庫で2～3時間冷やす。
③マヨ胡麻ドレッシングを作る。胡麻油ドレッシングは、胡麻油3、レモン汁1の割合に塩少々を加えて作る。これにマヨネーズや当たり胡麻、濃口醤油を加える。
④器にマヨ胡麻ドレッシングを敷き、②を盛り付ける。

水茄子からしネーズ和え

（カラー77頁）

[材料]
水茄子
●水茄子の浸し地
昆布だし（122頁参照）
塩
薄口醤油
味醂
タイ
昆布
●からしネーズ
チーズ（溶けるタイプ）…40g
マヨネーズ…20g
濃口醤油…少々
洋がらし…10g
花山椒

[作り方]
①タイは上身をそぎ切りにして、ひと晩昆布じめにする。
②水茄子はヘタを落として皮をむき、みょうばん水に漬けてアクを抜き、昆布だしを吸い地程度に味付けした浸し地で淡く味を付ける。
③からしネーズを作る。チーズを当たり鉢に

入れてよく当たり、マヨネーズ、濃口醤油、洋がらしを加えて味を調える。

④②の水茄子をひと口大に切り、昆布じめにしたタイと合わせてからしネーズでさっと和えて器に盛り、花山椒を天盛りにする。

豆サラダ 梅クリームソース

（カラー78頁）

[材料]

花豆（乾物）
白いんげん豆（乾物）
黒豆（乾物）
グリンピース
そら豆
塩
胡椒
●梅クリームソース
胡麻油ドレッシング…45㎖
梅肉…20g
おねば（粥の上澄み）…20g
濃口醤油…5㎖
味醂…15㎖

[作り方]

①花豆、白いんげん豆、黒豆はひと晩水に漬けて戻し、新しい水に取り替えてそれぞれ食べやすくなるまで下茹でする。
②グリンピースとそら豆はさやからはずし、塩茹でして冷水に取る。
③梅クリームソースを作る。胡麻油ドレッシングは、胡麻油3、レモン汁1の割合に塩少々を加えて作る。これに裏漉しした梅肉や他の材料を合わせてよく混ぜる。
④①と②の豆類それぞれに軽く塩と胡椒を振り、梅クリームソースでさっと和えて盛り付ける。

蒸し丸大根 生姜味噌ネーズ

（カラー79頁）

[材料]

大根
●大根の蒸し汁
昆布だし（122頁参照）…1.8ℓ
昆布茶…大さじ1
味醂…30㎖
●生姜味噌ネーズ
胡麻油ドレッシング…30㎖
信州味噌（白）…20g
生姜…30g
マヨネーズ…30㎖
ごぼう
あさつき

[作り方]

①大根は20㎝ほどの長さに切り、皮をむいて、米の研ぎ汁で下茹でする。水でさらして昆布だしに昆布茶と味醂を加えた蒸し汁で1時間ほど蒸す。
②生姜味噌ネーズを作る。胡麻油3、レモン汁1の割合に塩少々を加えて胡麻油ドレッシングを作り、白味噌とおろし生姜、マヨネーズを加えて混ぜる。
③ごぼうをせん切りして水にさらした後、油で素揚げして雲金ごぼうを仕込む。
④蒸し上がった①の大根を1㎝の輪切りにし、生姜味噌ネーズを敷いて盛り付ける。あさつきと雲錦ごぼうを天盛りにする。

山芋と木耳の ドレッシング和え

（カラー80頁）

[材料]

山芋
キクラゲ（乾物）
●キクラゲの浸し地（割合）
イリコと昆布とカツオ節の合わせだし（123頁参照）…8
酒…少々
濃口醤油…0.5
味醂…1
●和風ドレッシング（割合）
土佐醤油（※14）…1
太白胡麻油…1
りんご…少々

[作り方]

①山芋は器に合わせた長さに切り、皮をむいてせん切りにする。
②キクラゲは水で戻し、浸し地に漬けて味を含め、みじん切りにする。
③和風ドレッシングを作る。調味料と調味料やすりおろしたりんごを合わせて味を調える。
④①の山芋を束ねて盛り付け、②のキクラゲを天盛りする。和風ドレッシングをかける。

焼き白菜巻き サワークリーム ドレッシング

（カラー81頁）

[材料]

白菜
グリーンアスパラガス
うど
ぜんまい（乾物）
●ぜんまいの煮汁（割合）
一番だし（122頁参照）…8
酒…1
赤酒…1
薄口醤油…1
塩…少々
●サワークリームドレッシング
胡麻油ドレッシング…30㎖
サワークリーム…20g
薄口醤油…15㎖
白胡椒…適量
ラディッシュ

[作り方]

①白菜は1枚1枚葉をはがして盆ざるに並べ、ひと晩風干しする。グリーンアスパラガスは根元のかたい部分を切り落とし、サラダ油をぬって焼く。うどは丸くむいてサラダ油をぬって焼く。
②ぜんまいは水で戻し、煮汁で煮含める。
③まきすに白菜の葉を広げ、グリーンアスパラガス、うど、ぜんまいを芯にして巻き、輪ゴムをかけて冷蔵庫に入れて形をなじませる。

④サワークリームドレッシングを作る。胡麻油3、レモン汁1の割合に塩少々を加えて胡麻油ドレッシングを作り、他の材料を加えてよく混ぜる。
⑤③をバーナーで焼き目を付けて小口に切り、サワークリームソースを敷いて盛り付ける。せん切りにしたラディッシュを天盛りにする。

アスパラの土佐煮 （カラー82頁）

【材料】
ホワイトアスパラガス
グリーンアスパラガス
●アスパラガスの煮汁
イリコと昆布とカツオ節の合わせだし（123頁参照）…720㎖
酒…適量
味醂…30㎖
薄口醤油…50㎖
カツオ節（追いガツオ用）…適量
●錦糸ウニ
練りウニ…15㎖
卵黄…3個
片栗粉
花カツオ

【作り方】
①ホワイトアスパラガスとグリーンアスパラガスは根元のかたい部分を落としてはかまを取り、長さを切り揃えて鍋に並べる。
②①に煮汁を張って煮含める。煮上げる直前に追いガツオをする。
③錦糸ウニを作る。練りウニと卵黄を混ぜ、片栗粉を加えてなめらかにしてクッキングシートにのばし、オーブンで焼いてせん切りにする。
④器に2種類のアスパラガスを盛り付けて煮汁を張り、油で揚げた花カツオを振る。錦糸ウニを天盛りにする。

茄子の梅酒煮 （カラー83頁）

【材料】
長茄子
●長茄子の煮汁
昆布だし（122頁参照）…100㎖
梅酒…80㎖
濃口醤油…40㎖
長ねぎ

【作り方】
①長茄子はヘタを落とし2㎝幅の輪切りにして、みょうばんを加えた水に浸してアク抜きをし、水気をよくふいてサラダ油を熱した鍋で炒める。
②①の長茄子を煮汁でゆっくりと煮含める。
③器に長茄子を盛り付けて煮汁を張り、素揚げした白髪ねぎを天盛りする。

筍酒盗焼き （カラー84頁）

【材料】
筍
●焼きだれ
酒盗汁（酒盗…250g、酒…300㎖）…30㎖
濃口醤油…15㎖
味醂…15㎖
昆布酒（※7）…15㎖
●蕪の甘酢漬け
かぶ
味醂甘酢（※4）
●きゃら蕗
蕗のとう
胡麻油
酒
味醂
濃口醤油
花穂じそ
梅肉

【作り方】
①筍は、ぬかとタカノツメを加えた水で茹で、鍋に入れたまま茹で汁ごとひと晩鍋に入れておく。翌日に鍋から筍を取り出し、皮をむいて水でよくさらす。
②焼きだれを作る。まず、酒盗と酒を合わせて煮立て、裏漉しにかけて酒盗汁を作り、濃口醤油と味醂、昆布酒を合わせる。
③蕪の甘酢漬けを仕込む。かぶの皮をむき、立て塩に浸す。その後、味醂甘酢に漬け込む。
④きゃら蕗を仕込む。蕗のとうを茹で、灰アクの上澄みを少し加えた湯で茹で、水でさらす。これを胡麻油で炒め、調味料を加えて汁気がなくなるまで炒め煮する。
⑤①の筍を縦半分に切り、焼きだれを数回かけながら焼く。
⑥器に盛り付けて花穂じそを散らし、蕪の甘酢漬けと梅肉、きゃら蕗を添える。

新玉葱 胡麻醤油焼き （カラー85頁）

【材料】
新玉ねぎ
●胡麻醤油（作りやすい量）
当たり胡麻（黒）…50g
卵の素（※6）…20g
はちみつ…40g
濃口醤油…40㎖
砂糖…適量
黄柚子

【作り方】
①新玉ねぎは天地を落として皮をむき、横に隠し庖丁を入れ、熱したサラダ油で素揚げする。
②胡麻醤油を作る。すべての材料をよく混ぜ合わせ、①の玉ねぎにかけ、天火で焼く。
③玉ねぎを器に盛り、柚子皮を細切りにしてサラダ油で素揚げした柚子の高山寺揚げを天盛りする。

蕗の梅肉田楽 （カラー86頁）

【材料】
蕗
●蕗の煮汁（割合）
酒…1
水…1

爪昆布…少々
味醂…0.5
薄口醤油…少々
塩…少々
●梅肉味噌
梅肉…適量
白玉味噌（※9）…10g
濃口醤油…10㎖
はちみつ…15㎖
胡麻油

[作り方]
①蕗は皮をむいて5㎝の長さに切り、風通しのよい日陰で5日間ほど風干しする。
②水と同量の酒に、爪昆布と調味料を加えて味を調えて蕗の煮汁を作り、①の蕗をバットに並べ、煮汁を張る。これを蒸し煮にする。
③梅肉味噌を作る。梅肉は裏漉しにかけ、白玉味噌、濃口醤油、はちみつを合わせてよく練り合わせて味を調える。
④蕗を数本ずつ串打ちして、胡麻油をぬって軽く焼き、さらに梅肉味噌をぬって温める程度に焼く。器に盛り付ける。

蕨の木の芽田楽

（カラー87頁）

[材料]
わらび
●わらびの浸し地（割合）
イリコと昆布とカツオ節の合わせだし（123頁参照）…8
薄口醤油…1
砂糖…1
●田楽味噌（作りやすい量）
西京味噌（漉し）…100g
砂糖…15g
赤酒…20㎖
酒…20㎖
卵黄…2個分
卵白…1個分
木の芽…適量

[作り方]
①わらびはバットに並べて灰を振って熱湯を注ぎ、冷めるまで置いてアク抜きをし、水洗いして熱湯で茹でる。
②吸い地加減に調味したわらびの浸し地を作り、①のわらびに味を含ませる。
③田楽味噌を作る。木の芽は当たり鉢で先に当たっておく。調味料と卵を入れてよくすり混ぜ、すりおろした木の芽を合わせる。
④②のわらびの水気を切って松葉串に打ち、田楽味噌をぬって温める程度に焼き、器に盛り付ける。

焼きアスパラ からし醤油ドレッシング

（カラー88頁）

[材料]
グリーンアスパラガス
ホワイトアスパラガス
昆布酒（※7）
●からし醤油ドレッシング
胡麻油ドレッシング…45㎖
和がらし…5g
濃口醤油…15㎖
味醂…15㎖
おねば（粥の上澄み）…10g
人参
セルフィーユ

[作り方]
①グリーンアスパラガスとホワイトアスパラガスは根元のかたい部分を落としてはかまを取り、長さを切り揃えて塩茹でし、昆布酒をかけてバーナーで焼き目を付ける。
②からし醤油ドレッシングを作る。胡麻油3、レモン汁1の割合に塩少々を加えて胡麻油ドレッシングを作り、他の材料を加えてよく混ぜる。
③器にからし醤油を敷いて①を盛り付け、細く切った人参とセルフィーユを天盛りにする。

芽キャベツ　味噌素焼き

（カラー89頁）

[材料]
芽キャベツ
●芽キャベツの下煮用の煮汁（割合）
ソップだし（123頁参照）…8
酒…1
赤酒…1
薄口醤油…1
塩…少々
●焼きだれ
卵の素（※6）…50g
西京味噌（漉し）…10g
桜海老（生）…適量

[作り方]
①芽キャベツは十文字の切り目を入れて下煮用の煮汁でさっと煮含める。
②焼きだれを作る。当たり鉢に卵の素と西京味噌を入れてよくすり混ぜ、桜海老も加える。
③ココットに芽キャベツを入れ、焼きだれをたっぷりかけ、200℃のオーブンで10〜15分ほど焼く。

ホワイトアスパラ 胡麻醤油焼き

（カラー90頁）

[材料]
ホワイトアスパラガス
胡麻油
●胡麻醤油（作りやすい量）
ソップだし（123頁参照）…30㎖
濃口醤油…50g
赤酒…20㎖
当たり胡麻（黒）…30g
じゃが芋

[作り方]
①胡麻醤油を作る。ソップだしと調味料、当たり胡麻をよく混ぜる。
②ホワイトアスパラガスの根元のかたい部分を落としてはかまを取り、長さを揃えて串打ちをする。胡麻油をぬって焼き、さらに①の胡麻醤油をぬって香ばしく焼く。
③ホワイトアスパラガスを器に盛り、せん切りにして水にさらして素揚げしたじゃが芋を天盛りにする。南天の葉などをあしらう。

ゴーヤ　胡桃田楽

（カラー91頁）

[材料]
ゴーヤ
くるみ
●田楽味噌
赤玉味噌（※16）
はちみつ
梅肉
松の実

[作り方]
①ゴーヤは天地を落として縦半分に切り、種をきれいに取り除き、塩を当ててしばらく置いて水洗いをし、水気を切る。くるみは細かく刻む。
②田楽味噌を作る。赤玉味噌とはちみつ、梅肉を当たり鉢でよくすり混ぜる。これに刻んだくるみを加える。
③ゴーヤを１６０℃に熱したサラダ油でゆっくりと揚げ、油を切る。くるみを加えた田楽味噌を詰め、松の実をのせ、味噌を温める程度に天火で焼く。
④ゴーヤを切り分け、器に盛り付ける。

干し茄子　バター焼き

（カラー92頁）

[材料]
長茄子
塩
胡椒
小麦粉
バター
濃口醤油
糸がき

[作り方]
①長茄子はヘタの先を落として油で揚げる。冷水に落として皮をむき、抜き板に挟んで重石をかけて中の水分を抜く。
②金串に①の長茄子を通し、涼しいところにひと晩おいて干し茄子にする。
③干し茄子に塩、胡椒を振って刷毛で小麦粉をまぶし、バターを溶かしたフライパンで焼く。仕上げに濃口醤油を落として香りを出す。
④器に盛り付けて糸がきを天盛りにする。

茸と薄揚げ　魚醤焼き

（カラー93頁）

[材料]
松茸
白アワビ茸
舞茸
柳松茸
丹波しめじ
●きのこの下味用の地
いしり（魚醤）…50㎖
酒…50㎖
薄揚げ　4枚
●黄味魚醤
魚醤…20㎖
卵黄…1個
酒…10㎖

[作り方]
①各きのこをそうじして食べやすく切る。
②いしりと酒を合わせてきのこの下味用の地を作り、①のきのこを洗う。
③下味用の地をかけながら②のきのこを香ばしく焼く。薄揚げも、両面に下味用の地を2回ぬって焼く。
④黄味醤油を作る。材料を合わせ、湯煎にかけながら加熱してとろりとさせ、ガーゼで漉す。
⑤薄揚げを重ねて盛り付けに合わせて切り、きのことともに盛る。黄味醤油を薄揚げにかける。

無花果の田楽

（カラー94頁）

[材料]
イチジク
●田楽味噌
白玉味噌（※9）
銀杏
青じそ

[作り方]
①田楽味噌を作る。銀杏を素揚げして薄皮をむいて細かく刻み、白玉味噌に混ぜる。
②イチジクはかためのものを用意して皮をむき、焼いて火を通す。
③②のイチジクを縦半分に切り、田楽味噌をぬって味噌を温める程度に焼く。
④器に盛り、細切りにして素揚げした青じそを天盛りする。

海老芋の梅だれ焼き

（カラー94頁）

[材料]
海老芋
●梅だれ（作りやすい量）
濃口醤油…２７０㎖
味醂…３６０㎖
砂糖…70g
梅肉…適量
●白桃のワイン煮
白ワイン
砂糖
塩
レモン汁
●はじかみ
谷中生姜
合わせ酢（割合）
［味醂甘酢（※4）…1
　昆布だし（122頁参照）…1
花山椒

[作り方]
①海老芋は六方にむいて米のとぎ汁で下茹でし、水にさらしてアクを抜く。
②白桃のワイン煮は、白桃の皮をむいて寒冷紗に包み、白ワイン、砂糖、塩、レモン汁で蒸し煮する。
③はじかみは、谷中生姜をそうじしてさっと湯通しをし、塩を振る。合わせ酢に漬け込んで色を出す。
④梅だれを作る。梅肉以外の材料を合わせて煮詰め、仕上げに裏漉しした梅肉を加える。
⑤海老芋に串打ちして焼き、軽く焦げ目が付いてきたら梅だれを2～3回かけ、照り

を出しながら焼く。
⑥串を抜いて海老芋を盛り付け、白桃のワイン煮、はじかみ、花山椒を添える。

ブラウンマッシュルーム焼き　金山寺和え

（カラー95頁）

［材料］

ブラウンマッシュルーム
すだち
バター
金山寺味噌

［作り方］

①ブラウンマッシュルームはひと口大に切り、熱したサラダ油で揚げて、すだちのしぼり汁と溶かしたバターを合わせて振りかける。
②金山寺味噌をフライパンに薄くのばし、香ばしくなる程度に天火で焼いて、ブラウンマッシュルームと和える。これを器に盛り付ける。

蕪の蕗味噌焼き

（カラー96頁）

［材料］

聖護院かぶ
●蕗味噌（作りやすい量）
蕗のとう…1kg
信州味噌…500g
はちみつ…300g
赤酒…200㎖
濃口醤油…50㎖
松の実
蕗のとう
●天ぷらの衣
小麦粉…180㎖
卵黄…1個
冷水…180㎖

［作り方］

①蕗味噌を仕込む。蕗のとうを細かく刻み、サラダ油を熱した焙烙鍋でゆっくり炒め、調味料を加えて鍋でよく練る。濃口醤油で味を調える。鉄鍋を使うと蕗のとうが黒ずむので、鍋は焙烙鍋を使う。
②聖護院かぶはかつらにむき、盆ざるに広げて風干しし、水分を抜く。
③①の蕗味噌に、炒った松の実を加える。
④②の、かつらむきにしたかぶの内側にサラダ油をぬる。松の実を加えた③の蕗味噌をのせて巻き、天火で焼く。
⑤食べやすい大きさに切り、盛り付ける。ふきのとうの天ぷらを天盛りする。

だしの旨味で　もっとおいしく

芋茎　水菜　薄揚げの美名巻き煮

（カラー98頁）

［材料］

ズイキ
●ズイキの煮汁（割合）
イリコと昆布とカツオ節の合わせだし（123頁参照）…8
酒…1
味醂…0.5
薄口醤油…0.3
水菜
●水菜の浸し地（割合）
イリコと昆布とカツオ節の合わせだし…8
酒…0.5
薄口醤油…0.5
味醂…0.5
薄揚げ
●薄揚げの煮汁（割合）
一番だし（122頁参照）…8
酒…1
味醂…1
薄口醤油…1
●美名巻きの皮
じゃが芋
卵黄
卵の素（※6）
上新粉
砂糖
塩
濃口醤油
人参
●人参の煮汁（割合）
一番だし…1
酒…1
味醂…1
薄口醤油…1
●銀あん（割合）
鶏ガラとイリコとカツオ節の合わせだし（124頁参照）…8
味醂…1
薄口醤油…0.5
吉野葛…適量

［作り方］

①ズイキは皮をむいて濃いめの米のとぎ汁に浸し、大根おろしを加えた熱湯で茹でる。その後、煮汁で煮含める。
②水菜はさっと塩茹でし、吸い地加減に調味

した浸し地に含ませる。
③薄揚げは熱湯で油抜きし、煮汁で煮含める。
④美名巻きの皮を作る。じゃが芋は皮付きのまま茹で、皮をむいて裏漉しにかける。卵黄、卵の素、上新粉を合わせて調味料を加えて味を調え、サラダ油を熱した玉子焼き鍋で伊達巻きの皮のように焼く。
⑤まきすに美名巻きの皮を敷き、上に薄揚げを広げ、①のズイキ、②の水菜をのせて巻く。
⑥人参は輪切りにして大小のもみじにむく。下茹でし、煮汁で煮含める。
⑦銀あんを用意する。だしに調味料を加えて味を調えて、吉野葛を引いてとろみを付ける。
⑧⑤を食べやすい長さに切って器に盛り、⑥の人参を飾る。銀あんを張る。

菠薐草薄皮巻き

（カラー99頁）

［材料］
●ほうれん草の薄皮の生地（作りやすい量）
ほうれん草の裏漉し…180㎖
小麦粉…120g
白玉粉…12g
塩
水…180㎖
しらたき
●コンビーフスープ（作りやすい量）
昆布だし（122頁参照）…900㎖
コンビーフ…100g
薄口醤油…適量
塩…適量
●肉味噌（作りやすい量）
牛挽き肉…150g
味噌…200g
砂糖…250g
酒…270㎖
濃口醤油…少々
酢…少々
長ねぎ

［作り方］
①ほうれん草の薄皮の生地を作る。ほうれん草は塩を加えた熱湯で茹で、鍋から取り出す直前に重曹を入れる。冷水に取って色止めをし、水気をよく絞って裏漉しにかける。小麦粉と白玉粉を合わせ、塩と水を加えて練り、ほうれん草の裏漉しを混ぜて生地とする。
②フライパンにサラダ油を引いてよく熱し、①の生地をクレープのように薄く広げて焼く。
③コンビーフスープを用意する。昆布だしの中にコンビーフをほぐして入れ、弱火で時間をかけながら煮出す。鍋の内側に細かい泡が立って音がしてきたら、火を止めて漉し、薄口醤油と塩で味を調える。
④しらたきは30㎝くらいの長さに切り、束ねて両端を輪ゴムで止めてコンビーフスープで煮含める。
⑤肉味噌を作る。材料を鍋に入れて中火で加熱しながら程よいかたさに練り合わせる。
⑥ほうれん草の薄皮に④をのせて巻き、切り分ける。
⑦肉味噌を敷いて⑥を盛り付け、細く切った白髪ねぎを天盛りにする。

筍のすり流し
蕨　木の芽

（カラー100頁）

［材料］
わらび
●わらびの浸し地
一番だし（122頁参照）
塩
薄口醤油
味醂
●筍のすり流し
筍（すりおろし）…30g
昆布だし（122頁参照）…180㎖
塩…適量
薄口醤油…適量
木の芽

［作り方］
①わらびの下ごしらえをする。わらびをバットに並べて灰を振って熱湯を注ぎ、冷めるまで置いてアクを抜く。一番だしに調味料を加えて吸い地加減に調味した浸し地を作り、アク抜きしたわらびを含ませる。
②すり流しを作る。生の筍をすりおろし、鍋に移して昆布だしでのばしながら温め、調味料で味を調える。
③椀にすり流しを張り、わらびを浮かべて木の芽をあしらう。

清まし仕立て
木の芽豆腐　焼き薄揚げ

（カラー101頁）

［材料］
●木の芽豆腐（作りやすい量）
ほうれん草（ペースト状）…200g
吉野葛…280g
胡麻油…90㎖
昆布だし（122頁参照）…1.4ℓ
味醂…少々
塩…少々
薄口醤油…少々
木の芽…適量
●吸い地
一番だし（122頁参照）
酒
塩
濃口醤油
薄揚げ

［作り方］
①木の芽豆腐を作る。ほうれん草は塩を加えた熱湯で茹で、鍋から取り出す直前に重曹を入れる。冷水に取って色止めをし、水気をしぼってミキサーにかけ、ペースト状にし、吉野葛、胡麻油、昆布だし、調味料を加えて味を調え、40分～1時間ほど練り合わせる。最後に当たり鉢ですり混ぜた木の芽を加え、流し缶に移して冷やし固める。
②吸い地を作り、温めておく。
③椀にカエデに抜いた木の芽豆腐を盛り、吸い地を張り、焼いて小さな色紙に切った薄揚げを散らす。

菠薐草すり流し
百合根　花山椒

（カラー101頁）

[材料]
百合根
●ほうれん草のすり流し
ほうれん草（ペースト状）…45g
一番だし（122頁参照）…180㎖
味醂…適量
塩…適量
薄口醤油…適量
吉野葛…適量
花山椒

[作り方]
①百合根は1枚ずつはがして汚れを取り除き、塩を振って蒸す。
②すり流しを作る。ほうれん草は塩を加えた熱湯で茹で、鍋から取り出す直前に重曹を加えて色を出し、アクを抜く。冷水に取って色止めをし、水気を絞ってミキサーにかける。なめらかになったら鍋に移し、一番だしでのばしながら温め、調味料で味を調え、水溶きした吉野葛を薄く引く。
③椀にすり流しの地を張り、①の百合根を浮かべる。酒でさっと煎って色出しした花山椒をあしらう。

山葵汁仕立て
胡桃豆腐　おろし山葵

（カラー102頁）

[材料]
●胡桃豆腐（作りやすい量）
胡桃…200g
昆布だし（122頁参照）…900㎖
塩…少々
吉野葛…200g
●山葵のすり流し
わさび（すりおろし）…大さじ1
一番だし（122頁参照）…180㎖
塩…適量
薄口醤油…適量
吉野葛…適量
わさび

[作り方]
①胡桃豆腐を作る。胡桃は薄皮をむいて軽く炒ってミキサーにかけ、さらに当たり鉢でよくすり混ぜる。昆布だしでのばして塩で味を調え、吉野葛を加えて30～40分練る。型に流して冷やし固める。
②すり流しの地を作る。鍋で一番だしを温め、わさびをすりおろして加え、塩、薄口醤油で味を調える。水溶きした吉野葛を引く。
③椀に菱に切った胡桃豆腐を盛り、すり流しの地を張り、すりおろしたわさびをあしらう。

冷やし枝豆すり流し
南瓜　水がらし

（カラー102頁）

[材料]
●枝豆のすり流し
枝豆（裏漉し）…45㎖
鶏ガラと焼きアゴと昆布の合わせだし（124頁参照）…180㎖
酒…適量
味醂…適量
塩…適量
薄口醤油…適量
吉野葛…適量
南瓜
砂糖
塩
●南瓜の蒸し汁（割合）
イリコと昆布とカツオ節の合わせだし（123頁参照）…8
酒…0.5
薄口醤油…1
塩…少々
和がらし
白ワイン

[作り方]
①すり流しを作る。枝豆は塩茹でして実を取り出し、薄皮をむく。これをミキサーにかけて裏漉しにかけ、鍋に移して鶏ガラと焼きアゴと昆布の合わせだしでのばして温める。調味料で味を調え、水溶き葛した吉野葛を引いてとろみを付け、冷やしておく。
②椀種を作る。南瓜は皮を薄めにむいて適当な大きさに切り、砂糖と塩を合わせて皮目にすり込んでバットに並べ、蒸し汁を張って蒸し煮にする。
③椀に南瓜を盛り付けてすり流しの地を張る。白ワインでゆるめに溶いた和がらしを、水がらしとして添える。

冷やし新牛蒡すり流し
蓴菜　梅肉

（カラー103頁）

[材料]
●新ごぼうのすり流し
新ごぼう（すりおろし）…大さじ1
鶏ガラとイリコとカツオ節の合わせだし（124頁参照）…180㎖
酒…適量
味醂…適量
塩…適量
薄口醤油…適量
吉野葛…適量
じゅんさい
梅肉

[作り方]
①新ごぼうは水洗いし、細かいおろし金ですりおろしてガーゼに包み、酢を加えた水に入れてもみ洗いをする。
②鶏ガラとイリコとカツオ節の合わせだしを入れて温め、すりおろしたごぼうを加えて調味料で味を調え、水溶きした吉野葛を引いてとろみを付ける。これを冷やしておく。
③じゅんさいをよく洗い、塩を加えた湯で

さっと茹でて色出しをし、氷水に落として色止めをする。

④椀にすり流しを張り、③のじゅんさいを浮かべ梅肉を添える。

焼き米仕立て
里芋　なめこ　青唐辛子

（カラー104頁）

［材料］

里芋

●里芋の煮汁（割合）

鶏ガラとイリコとカツオ節の合わせだし（124頁参照）…8

酒…1

味醂…1

薄口醤油…1

なめこ

●焼き米仕立ての地

米…大さじ1

一番だし（122頁参照）…180㎖

薄口醤油…適量

塩…適量

青唐辛子

［作り方］

①椀種を作る。里芋は水洗いをして汚れを落とし、サラダ油で素揚げして皮をむき、煮汁で煮含める。なめこは熱湯にさっとくぐらせて水気を切る。

②焼き米仕立ての地を作る。米は熱じたフライパンで炒り、一番だしに入れて煮立たせる。米の香りが移ったら米を取り除き、薄口醤油と塩で味を調える。

③椀に里芋となめこを盛り付けて②の地を張る。青唐辛子はヘタを落としてせん切りし、長さを切り揃えて天に盛る。

冬瓜すり流し
焼き茄子　かんずり

（カラー105頁）

［材料］

茄子

●茄子の下味用の調味酒（割合）

酒…1

濃口醤油…1

●冬瓜のすり流し

冬瓜（すりおろし）…大さじ3

鶏ガラとイリコとカツオ節の合わせだし（124頁参照）…180㎖

酒…適量

味醂…適量

薄口醤油…適量

吉野葛…適量

かんずり

［作り方］

①椀種を作る。茄子はヘタの先を落として茄子の中心に菜箸などで穴をあけ、皮に庖丁目を入れて焼く。手を氷水に浸し、茄子が熱いうちに皮をむき、酒と濃口醤油を合わせた調味酒を霧吹きで吹きかけ、薄く味をなじませる。

②すり流しを作る。冬瓜は皮を厚めにむいてすりおろし、塩を振りしばらく置く。鶏ガラとイリコとカツオ節の合わせだしにすりおろした冬瓜を加えて温め、調味料で味を調える。水溶きした吉野葛を引く。

③食べやすく切り分けた茄子を椀に盛り付け、すり流しを張る。かんずりを添える。

松茸すり流し
焼き松茸　菊菜　柚子

（カラー105頁）

［材料］

松茸

菊菜

●菊菜の浸し地

一番だし（122頁参照）

酒

塩

薄口醤油

●松茸のすり流し

松茸（軸）…大さじ1

一番だし…180㎖

酒…適量

味醂…適量

塩…適量

薄口醤油…適量

吉野葛…適量

黄柚子

［作り方］

①椀種を作る。松茸は軸をはずして笠の裏側に塩と酒を振って焼き、切り分ける。菊菜は塩を加えた熱湯でさっと茹で、鍋から取り出す直前に重曹を加えて色出しとアク抜きをし、氷水に落として色止めする。これを吸い地加減に調味した浸し地に含ませる。

②すり流しの地を作る。松茸の軸を細かく刻み、一番だしとともにミキサーにかける。鍋に移して煮立たせ、調味料で味を調え、水溶きした吉野葛を加えてとろみを付ける。

③椀に①の焼き松茸と菊菜を盛り付け、すり流しの地を張る。松葉に切った柚子をあしらう。

人参と百合根のすり流し
かき百合根

（カラー106頁）

［材料］

●牡丹百合根

百合根

●百合根の浸し地

一番だし（122頁参照）

酒

塩

薄口醤油

●人参と百合根のすり流し（割合）

人参…適量

百合根…適量

イリコと昆布とカツオ節の合わせだし（123頁参照）…8

酒…1

塩…適量

薄口醤油…0.3

レモン汁…少々

［作り方］

①椀種の牡丹百合根を作る。百合根をみがき、牡丹にむいてバットに並べ、塩を振って

蒸し、甘めの吸い地加減に調味した浸し地に含ませる。
②すり流しを作る。人参は皮付きのままラップに包んで電子レンジにかけ、裏漉しする。百合根は1枚ずつはがして汚れを取り、バットに並べて塩を振り、蒸して裏漉しする。人参と百合根を同量ずつ合わせ、イリコと昆布とカツオ節の合わせだしでのばして温め、調味料類を加えて味を調える。
③椀に牡丹百合根を盛り、すり流しを張る。

蕪すり流し
揚げ山芋　おろし山葵

（カラー106頁）

[材料]
●椀種
大和芋
マヨネーズ
酒
塩
薄口醤油
●かぶのすり流し
かぶ（すりおろし）…大さじ2
鶏ガラとイリコとカツオ節の合わせだし（124頁参照）…180㎖
酒…適量
塩…適量
薄口醤油…適量
吉野葛…適量
わさび

[作り方]
①椀種を作る。大和芋をすりおろし、調味料を加えて味を調え、ひと口大に丸める。150℃のサラダ油で揚げる。
②すり流しの地を作る。かぶは皮を厚めにむき、すりおろして水気を軽く絞り、鶏ガラとイリコとカツオ節の合わせだしを加えて温める。調味料で味を調え、水溶きした吉野葛を引く。
③椀に椀種を盛り、すり流しを張る。すりおろしたわさびを天に盛る。

洗い味噌仕立て
独活　田芹　山椒

（カラー107頁）

[材料]
うど
田ゼリ
●うどと田ゼリの浸し地（割合）
鶏ガラと焼きアゴと昆布の合わせだし（124頁参照）…8
酒…0.5
塩…少々
白醤油…1
味醂…0.5
●洗い味噌仕立ての地
鶏ガラと焼きアゴと昆布の合わせだし…180㎖
八丁味噌（漉し）…適量
長ねぎ
粉山椒

[作り方]
①椀種を作る。うどは太いものを選び、皮をむき酢を加えた熱湯で茹でる。田ゼリは、塩を加えた熱湯で茹でる。浸し地を作り、うどと田ゼリをそれぞれ含ませる。
②洗い味噌仕立ての地を作る。鶏ガラと焼きアゴと昆布の合わせだしに八丁味噌を溶いて一度煮立たせる。冷まして上澄みを使う。
③あしらいを作る。長ねぎを細く切り、油で素揚げする。
④①のうどと田ゼリを切り、洗い味噌仕立ての地を張る。長ねぎを天盛りにし、粉山椒を振る。

独活　里芋
胡瓜の漬け物鋳込み

（カラー108頁）

[材料]
うど
●うどの浸し地
鶏ガラと焼きアゴと昆布の合わせだし（124頁参照）
塩
白醤油
味醂
里芋
●里芋の煮汁（割合）
鶏ガラと焼きアゴと昆布の合わせだし…8
酒…0.5
砂糖…0.5
白醤油…少々
塩…少々
胡瓜
●胡瓜の浸し地
鶏ガラと焼きアゴと昆布の合わせだし
薄口醤油
塩
味醂
たくあん
しば漬け
奈良漬け
●銀あん（割合）
一番だし（122頁参照）…8
味醂…1
薄口醤油…0.5
吉野葛…適量
ごぼう

[作り方]
①うどは皮をむいて里芋と同じ長さに切り、酢を加えた水に放してアク止めし、酢と米を加えた熱湯でやわらかくなるまで茹でる。鶏ガラと焼きアゴと昆布の合わせだしに調味料を加え、吸い地加減に調味した浸し地に含ませる。
②里芋は六方にむいて筒抜きで中心を抜き、煮立たせた米の研ぎ汁で茹で、さらに湯通しをし、煮汁で煮含める。
③胡瓜は塩でみがき、里芋と同じ大きさに切り、筒抜きで中心を抜く。鶏ガラと焼きアゴと昆布の合わせだしと調味料で吸い地加減に味を調えた浸し地に含める。
④胡瓜に、それぞれ粗くみじん切りにしたたくあん、しば漬け、奈良漬けを鋳込む。
⑤ごぼうをせん切りにしてよく水洗いし、素

揚げして雲錦ごぼうを作る。

⑥銀あんを作る。一番だしに味醂、薄口醤油を加えて調味し、水溶きした吉野葛を引く。

⑦器に盛り付け、銀あんをかける。雲錦ごぼうをあしらう。

冬瓜　山葵の清涼煮　小茄子の揚げ煮

（カラー109頁）

[材料]

冬瓜

●冬瓜の煮汁（割合）

鶏ガラと焼きアゴと昆布の合わせだし（124頁参照）…8

酒…0.5

味醂…1

薄口醤油…1

塩…適量

小茄子

●小茄子の煮汁（割合）

一番だし（122頁参照）…8

味醂…1

薄口醤油…1

塩…適量

わさび

酒

●わさびの煮汁（割合）

昆布だし（122頁参照）…5

酒…少々

味醂…1

白醤油…0.5

塩…少々

[作り方]

①冬瓜は皮をこそげ取り、塩とみょうばんでよくみがいてカエデの形にむく。熱湯で茹で、冷水に落として色止めし、煮汁で煮含める。

②小茄子はガクを取って茶筅に切る。サラダ油で素揚げして、煮汁で煮含める。

③わさびは細かく針を打ち、酒煎りをする。昆布だしに調味料を加えて煮汁を作り、煮含める。

④器に冬瓜、茄子、わさびを盛り付け、茄子と冬瓜の煮汁を合わせて張る。

南瓜　寄せ椎茸　菊菜

（カラー110頁）

[材料]

黒皮南瓜

●南瓜の煮汁（割合）

鶏ガラと焼きアゴと昆布の合わせだし（124頁参照）…8

酒…1

味醂…1

薄口醤油…1

●寄せ椎茸

生椎茸

椎茸の煮汁（割合）

一番だし（122頁参照）…8

酒…1

味醂…1

濃口醤油…1

寒天…適量

板ゼラチン…適量

菊菜

●菊菜の浸し地

一番だし

薄口醤油

味醂

梨

[作り方]

①黒皮南瓜は大きめの木の葉の形にむいて下茹でし、煮汁で煮含める。

②寄せ椎茸を作る。生椎茸は石づきを取り、下茹でをして、煮汁で煮含める。椎茸を取り出して残った煮汁に、戻した寒天とふやかしておいた板ゼラチンを加えて煮溶かし、寄せ地とする。流し缶に煮た椎茸を重ねて並べ、寄せ地を流し入れて冷やし固める。寒天と板ゼラチンは、寄せる地４００～５００㎖に対して10gを目安にして使う。

③菊菜は塩を加えた熱湯で茹で、鍋から取り出す直前に重曹を加えて色出しとアク抜きをし、氷水に落として色止めをして、吸い地加減に調味した浸し地に含ませておく。

④梨は小口からせん切りし、塩少々を振っておく。

⑤器に黒皮南瓜、寄せ椎茸、菊菜を盛り付ける。④の梨を前盛りにする。

大根昆布巻き

（カラー111頁）

[材料]

大根

白板昆布

根三つ葉

●大根昆布巻きの煮汁（割合）

鶏ガラと焼きアゴと昆布の合わせだし（124頁参照）…8

酒…1

味醂…1

白醤油…1

塩…適量

黄柚子

[作り方]

①大根は皮をむき、約3～4ｍ四方に切り、塩を加えた熱湯で茹でる。

②①の大根を白板昆布で巻いて、鍋に並べる。煮汁を張ってゆっくりと煮含める。

③②を、かために塩茹でした根三つ葉で止め、器に盛り付ける。松葉柚子をあしらう。

大根粕煮　焼き葱浸し　柿葛煮

（カラー112頁）

[材料]

大根

●大根の煮汁（割合）

鶏ガラと焼きアゴと昆布の合わせだし（124頁参照）…8

酒…0.5

味醂…0.5

薄口醤油…0.5

酒粕…1

長ねぎ

●長ねぎの浸し地
一番だし（122頁参照）
塩
味醂
柿
●柿の煮汁（割合）
一番だし…8
薄口醤油…0.5
塩…少々
吉野葛
生姜

[作り方]

①大根は厚めの輪切りにしてもみじにむき、鍋にタカノツメを加えた米のとぎ汁でよく茹でる。水でさらしてさらに湯通しし、煮汁で煮含める。

②長ねぎを食べやすい長さに切り、サラダ油をぬって焼き、吸い地加減に調味した浸し地に浸す。

③柿はかためのものを用意し、皮付きのまま金串で針打ちをして櫛形に6等分し、塩を加えた熱湯で茹でる。煮汁で10分ほど煮含め、味が入ったら、いったん汁気をふき取って吉野葛をまぶし、さらに煮含める。

④器に大根、焼きねぎ、柿を盛り付け、大根の煮汁を張る。細切りした生姜を添える。

里芋昆布煮　寒筍煮　三つ葉浸し

（カラー113頁）

[材料]
筍
●筍の煮汁（割合）
イリコと昆布とカツオ節の合わせだし（123頁参照）…8
酒…1
味醂…1
薄口醤油…適量
●里芋昆布煮
里芋
●里芋の煮汁（割合）
鶏ガラと焼きアゴと昆布の合わせだし（124頁参照）…8
砂糖…1
薄口醤油…0.5
塩…少々
昆布
●昆布の煮汁（割合）
昆布だし（122頁参照）…8
酒…1
濃口醤油…0.5
酢…少々
寒天
板ゼラチン
三つ葉
●三つ葉の浸し地
一番だし（122頁参照）
塩
薄口醤油
味醂
黄柚子

[作り方]

①筍は、ぬかとタカノツメを加えた水で茹で、鍋に入れたまま茹で汁ごとひと晩鍋に入れておく。翌日に鍋から筍を取り出し、皮をむいて水でよくさらす。切り分けて煮汁で煮含める。

②里芋昆布煮を作る。里芋は六方にむき、煮立たせた米の研ぎ汁で茹で、さらに湯通しをして、煮汁で煮含める。昆布も煮汁で煮含める。昆布を取り出し、残った煮汁に戻した寒天とふやかした板ゼラチンを煮溶かし、寄せ地とする。流し缶に昆布、里芋、昆布、里芋、昆布と重ね、寄せ地を流し入れて冷やし固める。寒天と板ゼラチンは、昆布の煮汁400㎖に対して10gを使う。

③三つ葉を束ねて塩、少々の重曹を加えた熱湯でさっと茹で、氷水に落として色止めする。吸い地加減に調味した浸し地で味を含ませる。

④里芋昆布煮を切り分け、筍、三つ葉を盛り付ける。細切りにした黄柚子を前盛りにする。

葱の梅干し煮　煎りジャコのせ

（カラー114頁）

[材料]
梅干し
下仁田ねぎ
●下仁田ねぎと梅干しの蒸し汁（割合）
昆布だし（122頁参照）…1
ソップだし（123頁参照）…1
味醂…適量
濃口醤油…適量
青じそ
炒りジャコ

[作り方]

①梅干しは針打ちして薄い塩水にしばらく浸してから真水に浸して、塩抜きをする。

②下仁田ねぎは白い部分を5㎝長さの筒切りにして、表面に切り目を入れる。

③だしと調味料を合わせて蒸し汁を用意し、バットに梅干しと下仁田ねぎを並べ、蒸し汁を張って数分さっと炊く。

④器に盛り付け、細切りにした青じそを添え、炒りジャコを散らす。

里芋の胡麻汁鍋

（カラー115頁）

[材料]
里芋
干し椎茸
菊菜
大輪麸
●鍋地（割合）
イリコと昆布とカツオ節の合わせだし（123頁参照）…12
当たり胡麻（白）…0.5
赤酒…1
薄口醤油…1
塩…適量

[作り方]

①具材を用意する。里芋は皮付きのまま塩

を振って蒸し、皮をむく。干し椎茸は砂糖を加えたぬるま湯で戻しておく。菊菜は塩を加えた熱湯で下茹でし、鍋から取り出す直前に少々の重曹を加えて色出しして、すぐに氷水に落として色止めする。大輪麩はぬるま湯で戻して水気を切り、熱したサラダ油で素揚げにする。

②鍋地を作る。イリコと昆布とカツオ節の合わせだしに当たり胡麻と調味料を加えて味を調える。

③小鍋に鍋地を張り、別皿に里芋、石づきを落とした椎茸、切り揃えた菊菜、大輪麩を盛り付ける。

梅鍋

（カラー116頁）

【材料】

里芋
かぶ
生椎茸
筍
人参

●鍋地（作りやすい量）
イリコと昆布とカツオ節の合わせだし（123頁参照）…1.8ℓ
コンビーフ…1缶
酒…200㎖
薄口醤油…少々
塩…少々

【作り方】

①具材を用意する。里芋は鶴の子にむき、熱湯で下茹でする。かぶは六方にむいて下茹でする。生椎茸は亀甲に切って下茹でする。筍はたっぷりのぬかとタカノツメを加えた水を張った鍋に入れて茹で、アクとえぐみを取り除き、水にさらして水気をふき取り、切り揃える。人参はねじり梅にむいて熱湯で下茹でする。

②鍋地を作る。鍋にイリコと昆布とカツオ節の合わせだしを煮立たせてコンビーフをほぐし入れ、しばらく煮出して調味料を加えて味を調え、布漉しする。

③小鍋に具材を盛り付け、鍋地を張る。

おろし野菜の団子鍋

（カラー116頁）

【材料】

●おろし野菜の団子
山芋
大根
かぶ
人参
蓮根
ごぼう
南瓜
里芋
ラード
薄口醤油
塩
上新粉
葛粉
砂糖
塩

●鍋地（割合）
イリコと昆布とカツオ節の合わせだし（123頁参照）…10
酒…2
赤酒…1
薄口醤油…1

【作り方】

①具材のおろし野菜団子を作る。山芋は皮をむいてすりおろし、ひと口大に丸め、熱したサラダ油に落として素揚げする。大根、かぶ、人参、蓮根は皮をむく。ごぼうは皮をよく洗ってすりおろし、ラードを加え、薄口醤油、塩で味を調え、生新粉、葛粉を合わせて練り、ひと口大の団子に丸める。南瓜は皮付きのまま砂糖、塩を振って蒸し、裏漉しにかけ、上新粉と葛粉をまぶしてひと口大の団子に丸める。里芋は皮をむき、塩もみして水洗いし、蒸して裏漉しにかける。上新粉と葛粉をまぶしてひと口大の団子に丸める。

②鍋地を作る。イリコと昆布とカツオ節の合わせだしに調味料を合わせて味を調える。

③小鍋に野菜の団子を盛り付け、鍋地を張る。

玉葱の落花生味噌鍋

（カラー117頁）

【材料】

小玉ねぎ
焼き豆腐
ほうれん草

●鍋地（作りやすい量）
落花生（ペースト状）…90㎖
鶏ガラとイリコとカツオ節の合わせだし（124頁参照）…1000㎖
白味噌…150g
薄口醤油…少々

【作り方】

①具材を用意する。小玉ねぎは皮をむき、輪切りにする。焼き豆腐はひと口大に切り、薄い塩水に浸しておく。ほうれん草は塩を加えた熱湯で茹で、鍋から取り出す直前に重曹を入れる。冷水に取って色止めをし、水気を絞って4㎝位の長さに切り揃える。

②鍋地を作る。落花生は炒って湿った布巾に包んで渋皮をむき、ミキサーにかけて細かく砕く。当たり鉢でペースト状になるまでよく当たり、鶏ガラとイリコとカツオ節の合わせだしでのばす。白味噌、薄口醤油で味を調える。

③小鍋に鍋地を張り、別皿に小玉ねぎ、焼き豆腐、ほうれん草を盛り付ける。

野菜の沢煮鍋

（カラー118頁）

【材料】

長ねぎ
松茸
ほうれん草
梨
ごぼう

●鍋地（割合）
ソップだし（123頁参照）…1
酒…1
揚げ玉…適量
●からし醤油
濃口醤油
和がらし
大根
胡麻油

【作り方】
①鍋の具材を用意する。長ねぎは笹切りにする。松茸は軽く汚れを落として縦に4つに裂く。ほうれん草は塩を加えた熱湯で茹で、鍋から出す直前に重曹を入れる。冷水に取って色止めをし、水気を絞って4cm位の長さに切る。梨は皮をむいて長方形に木取り、3cm位の厚さに切る。ごぼうはかつらにむいてせん切りにする。
②鍋地を作る。小鍋にソップだしと酒を合わせた鍋地を張り、揚げ玉を浮かべる。
③濃口醤油に和がらしを溶き、大根おろしと胡麻油を合わせてからし醤油を作る。
④具材を皿に盛り付け、からし醤油を別添えする。

湯葉と茸の野菜鍋

（カラー119頁）

【材料】
汲み上げ湯葉
白菜
大根
庄内麩
松茸
平茸
しめじ
舞茸
エリンギ
●鍋地
昆布だし（122頁参照）
いしり（魚醤）
●胡桃汁
くるみ
濃口醤油

【作り方】
①具材を用意する。白菜は縦半分に切って盆ざるに置き、一昼夜風干しをして、細めに巻く。大根は輪切りにしていちょうに切り、熱湯で茹でる。庄内麩はぬるま湯で戻して水気を切り、食べやすく切る。きのこ類は根元を落として切り分ける。
②昆布だしにいしりを加えて鍋地の味を調える。
③胡桃汁を作る。くるみは重曹を加えた熱湯で茹でて薄皮をむき、ミキサーにかけ、当たり鉢に移してなめらかになるまでよく当たり、濃口醤油を合わせる。
④別皿に汲み上げ湯葉、白菜、大根、庄内麩、きのこを盛り付ける。胡桃汁を別添えにする。

キャベツ　大根
薄揚げの鍋
胡麻ポン酢

（カラー120頁）

【材料】
キャベツ
大根
●玉酒（割合）
酒…1
水…1
木綿豆腐
胡麻油
●鍋地（割合）
鶏ガラと焼きアゴと昆布の合わせだし（124頁参照）…5
赤酒…0.5
薄口醤油…0.5
●胡麻ポン酢（割合）
ポン酢（※5）…1
胡麻だれ…1
　炒り胡麻（白）…360㎖
　当たり胡麻（白）…600g
　濃口醤油…500㎖
　味醂…100㎖
　砂糖…300g
　酒…100㎖

【作り方】
①キャベツは葉を1枚1枚はがして塩を加えた熱湯で茹で、葉を巻いて細切りする。大根は皮をむいて、幅2cm、長さ15cmの長方形に切って薄切りする。これを玉酒に浸してしんなりさせる。
②薄揚げを作る。豆腐の水気を切って5cmの厚さに切り、熱した胡麻油で揚げる。
③小鍋に鶏ガラと焼きアゴと昆布の合わせだしと調味料を合わせて鍋地を作る。
④ポン酢と胡麻だれを1対1で合わせて胡麻ポン酢を作る。胡麻だれは、列記している調味料を合わせて作る。
⑤別皿にキャベツ、大根、薄揚げを盛り付ける。胡麻ポン酢を別添えにする。

漬け物鍋

（カラー121頁）

【材料】
べったら漬け
奈良漬け
千枚かぶ
人参
ザーサイ
白菜漬け
野沢菜漬け
●鍋地（作りやすい量）
鶏ガラと焼きアゴと昆布の合わせだし（124頁参照）…1.8ℓ
酒…200㎖
赤酒…60㎖
薄口醤油…60㎖
揚げ玉

【作り方】
①漬け物はどれも浅めに漬けたものを用意し、ひと口大に切る。
②鍋地を作る。鶏ガラと焼きアゴと昆布の合わせだしに調味料を加えて味を調える。
③小鍋に揚げ玉を敷き、①の漬け物を盛り付け、鍋地を張って提供する。

ハモの白子の淡路揚げ

（カラー126頁）

【材料】
ハモの白子
●ハモの白子の煮汁
鶏ガラと焼きアゴと昆布の合わせだし（124頁参照）
味醂
薄口醤油
塩
玉ねぎ
海苔
●白扇衣
卵白…1／2個
片栗粉…大さじ2
小麦粉…大さじ1
冷水…大さじ3～4
●天だし割りポン酢
天だし（割合）…5
　一番だし（122頁参照）…4
　味醂…1
　濃口醤油…1
ポン酢（※5）…1
人参

【作り方】
①ハモの白子は、そうじして水でさらし、薄塩を当てる。これをさっと茹で、たっぷりの水でさらす。水気を絞り、煮汁でさっと煮含める。
②玉ねぎの外側の大き目の皮をむき、塩を当ててしんなりする程度にさっと蒸す。
③②の玉ねぎの内側に片栗粉を打ち粉として付け、①のハモを玉ねぎの大きさに合わせて切り分け、芯にして巻く。さらに海苔を巻いて止める。
④泡立てた卵白に粉類や水を合わせて白扇衣を作り、③に付けて揚げる。あしらいの人参も、細く切って白扇衣を付けて揚げる。
⑤器に料理を盛り付け、人参をあしらう。
⑥天だしをポン酢で割って張る。天だしは、列記しただしと調味料を合わせて作る。

玉葱桃子和え

（カラー127頁）

【材料】
桃
玉ねぎ
ハモの子
●ハモの子の浸し地
一番だし（122頁参照）
酒
塩
薄口醤油
●梅肉ソース
梅肉…30g
酒…5㎖
土佐醤油（※14）…10㎖
味醂…10㎖
鶏ガラとイリコとカツオ節の合わせだし（124頁参照）…15㎖
ケッパー
貝割菜

【作り方】
①桃はかためのものを用意し、皮をむいて小角に切り、薄く塩をふる。玉ねぎは皮をむいて薄切りにし、水にさらして水気を切る。貝割菜は食べやすく切り揃える。
②ハモの子はよく水洗いし、酢と味醂を加えた熱湯で湯がき、水洗いして、汚れやスジを取る。水にさらして水気を切り、吸い地加減に調味した浸し地に含ませておく。
③梅肉ソースを作る。裏漉した梅肉に、調味料と合わせだしを加えて味を調える。
④桃、玉ねぎ、ハモの子、貝割菜を器に盛り付け、ケッパーを散らし、梅肉ソースをかける。

菠薐草の橙花寄せ

（カラー128頁）

【材料】
ほうれん草
塩
胡椒
卵白
味醂
水塩（※2）
才巻海老
●トコブシの塩蒸し
トコブシ
酒
大根
木の葉南瓜
とうもろこし
青柚子
●銀あん（割合）
一番だし（122頁参照）…8
味醂…1
薄口醤油…0.5
吉野葛…適量

【作り方】
①トコブシは酒蒸しにする。殻をよく磨き、昆布にのせ、酒を振る。少々の大根をのせて強火で約40分蒸す。
②ほうれん草を塩を加えた熱湯で茹で、鍋から取り出す直前に重曹を入れる。冷水に取って色止めをし、水気をよく絞り、食べやすく切る。塩、胡椒を振ってセルクル型に詰める。
③卵白のコシを切るようにして混ぜ、味醂と水塩を加える。
④②のセルクル型を、油を熱したフライパンにのせ、③の卵白をかけて焼く。
⑤才巻海老は頭をはずし、背ワタを取って塩茹でにする。

⑥南瓜は切り分け、塩を振って蒸し、木の葉型に抜く。
⑦とうもろこしは蒸して切る。
⑧銀あんを作る。一番だしに、味醂、薄口醤油を加えて調味し、水溶きした吉野葛を引く。
⑨器に④の焼いたほうれん草を置き、才巻海老、トコブシ、南瓜、とうもろこしを盛り付け、松葉柚子をあしらう。銀あんを張る。

南瓜ピューレの和え物

（カラー129頁）

[材料]
●南瓜ピューレ
栗南瓜
コンビーフスープ（作りやすい量）
昆布だし（122頁参照）…900㎖
コンビーフ…100g
薄口醤油…適量
塩…適量
卵の素（※6）
マヨネーズ
西京味噌（漉し）
カマボコ
じゃが芋
干しぶどう
昆布だし
芝海老
昆布酒（※7）
グリンピース

[作り方]
①コンビーフスープを用意する。昆布だしの中にコンビーフをほぐして入れ、弱火で時間をかけながら煮出す。鍋の内側に細かい泡が立って音がしてきたら、火を止めて漉し、薄口醤油と塩で味を調える。
②南瓜のピューレを作る。栗南瓜は適当な大きさに切り、種とワタを取り除いて茹で、皮をむいて裏漉しにかける。コンビーフスープでのばしながら卵の素、マヨネーズ、西京味噌を加え、味を調える。
③カマボコはひと口大に切り、じゃが芋は素揚げして塩を振り、干しぶどうは濃いめの昆布だしで戻しておく。芝海老は、煮立たせた昆布酒にさっと通して殻をむく。グリンピースはさやから出し、塩茹でし、冷水に取る。
④ボウルに②、③を入れて和え、器に盛り付ける。

アスパラすり流し

（カラー130頁）

[材料]
●アスパラのすり流し（作りやすい量）
アスパラガス…5本
アサリ…300g
水…400㎖
酒…100㎖
昆布…8g
生クリーム…30㎖
塩…少々
●すり流しの具（作りやすい量）
道明寺粉…50g
昆布だし（122頁参照）…50㎖
アスパラガス…1本
アスパラガス
長ねぎ
生姜

[作り方]
①アスパラガスは皮を薄くむき、塩を加えた湯で茹でて、フードプロセッサーにかけてペースト状にする。
②アサリを水に加え、酒、昆布も加えて加熱し、だしを取る。アサリの殻があいたらアサリを取り出し、だし汁の2～3割を煮詰める。アサリは身をはずしておく。
③盛り付け用のアスパラガスを茹で、②のアサリのだし汁を少々取り、そこに浸しておく。
④①のアスパラガスのペースト、②のだし汁、生クリームを合わせて火にかけ、塩で調味をする。
⑤すり流しの具を作る。道明寺粉を、塩で調味した昆布だしに浸して戻しておく。これを蒸し、②のアサリのむき身と、茹でて厚めの輪切りにしたアスパラガスを合わせて団子に丸め、小麦粉を打ち粉としてまぶして揚げる。
⑥盛り付ける。具を中央に置き、すり流しの地を張る。アスパラガスを一文字に盛り、細く切った長ねぎと生姜を混ぜた針葱生姜をこんもりと盛る。

赤パプリカ釜の冷やし炊き合わせ

（カラー131頁）

[材料]
赤パプリカ
●赤パプリカの下味用の張り地
鶏ガラと焼きアゴと昆布の合わせだし（124頁参照）
味醂
●里芋の白煮
里芋
里芋の白煮の煮汁（割合）
一番だし（122頁参照）…8
酒…1
砂糖…1
白醤油…1
塩…少々
●黒皮南瓜煮
黒皮南瓜
黒皮南瓜の煮汁（割合）
一番だし…8
酒…1
味醂…1
薄口醤油…1
●椎茸旨煮
生椎茸
椎茸の煮汁（割合）
昆布だし（122頁参照）…5
酒…1
味醂…0.5
砂糖…1
濃口醤油…1

●トコブシの塩蒸し
トコブシ
酒
大根
才巻海老
オクラ
●オクラの浸し地
一番だし（122頁参照）
塩
薄口醤油
味醂
●銀あん（割合）
一番だし…8
味醂…1
薄口醤油…0.5
吉野葛…適量

[作り方]

①赤パプリカの釜を用意する。盛り付ける材料の量に合わせて赤パプリカを切り、中の種を抜いてそうじする。１６０～１７０℃に熱したサラダ油で30秒ほど揚げ、熱いうちに甘めに味を調えた鶏ガラと焼きアゴと昆布の合わせだしを張る。

②里芋の白煮を作る。里芋は水洗いをして半日陰干しする。六方にむき、米のとぎ汁で、里芋に透明感が出て火が通るまで煮る。そのまま15分ほど鍋ごと置き、アクを抜く。流水で約半日ほどさらす。煮汁をたっぷり用意し、紙蓋をし、30～40分炊く。火を止めて12時間以上置き、味を含ませる。

③黒皮南瓜を煮る。南瓜を大きめの木の葉の形にむいて下茹でし、煮汁で煮含める。

④椎茸を煮る。生椎茸は石づきを取り除き、昆布を敷いた鍋に並べる。昆布だしに調味料を加えて煮汁を作り、椎茸に加え、煮汁がなくなるまで煮含める。

⑤トコブシは酒蒸しにする。殻をよく磨き、昆布にのせ、酒を振る。少々の大根をのせて強火で約40分蒸す。

⑥才巻海老は頭をはずし、背ワタを取って塩茹でにする。

⑦オクラは塩でみがいてさっと茹で、甘めの吸い地加減に調味した浸し地で味を含ませる。

⑧銀あんを用意する。一番だしに調味料を加えて味を調え、ややかために葛を引いて銀あんを作る。

⑨①の赤パプリカの釜に、里芋、南瓜、椎茸、トコブシ、才巻海老、オクラを盛り付け、銀あんを張る。

冬瓜の冷やし煮物

（カラー132頁）

[材料]
冬瓜
才巻海老
生ひじき
糸こんにゃく
●剣先イカのだしの浸し地（作りやすい量）
剣先イカ（干物、小さめ）…4枚
水…５００mℓ
昆布…20g
酒…１００mℓ
塩…適量
味醂…適量
クコの実（乾物）
酒
砂糖
吉野葛

[作り方]

①剣先イカを水、酒、昆布とともに入れ、ひと晩おいてだしを引く。翌日、中火にかけて80℃ぼどまで加熱し、剣先イカと昆布を取り除いて塩と味醂で味を調えて冷ます。これを浸し地とする。

②冬瓜は切り分け、皮目に鹿の子に庖丁目を入れ、塩と重曹を混ぜたものを皮目にすり込み、下茹でする。やわらかくなったら取り出して水に落として冷まし、水気を切る。

③才巻海老の頭と背ワタを取り、のし串を打って茹でる。取り出して冷まし、殻をむく。

④生ひじきは水洗いし、湯に通してざるに移して冷ます。

⑤糸こんにゃくは茹でこぼし、取り出して冷ます。

⑥②～⑤の材料を、それぞれ①の浸し地に浸して味をなじませる。

⑦①でだしを取るのに使った剣先イカの胴の部分の軟骨を取り除き、切り分ける。

⑧クコの実は、砂糖を加えた酒に入れ、蒸し煮して戻す。

⑨冬瓜の浸し地に、水溶きした吉野葛を加えてとろみを付け、冷まして冷やしあんを作る。

⑩剣先イカの浸し地で味を含ませた冬瓜、生ひじき、糸こんにゃく、才巻海老を器に盛り、冬瓜に⑧のクコの実をのせる。冷やしあんをたっぷりとかける。

茄子のいしり煮

（カラー133頁）

[材料]
長茄子
●いしり汁（割合）
鶏ガラとイリコとカツオ節の合わせだし…10
いしり（魚醤）…1
酒…適量
味醂…適量
アサリ
●紅葉人参
人参
紅葉人参の浸し地
一番だし（122頁参照）
塩
薄口醤油
味醂
●木の葉南瓜
南瓜
木の葉南瓜の煮汁（割合）
一番だし…8
味醂…1
薄口醤油…1
わさび

[作り方]

①長茄子はガクを落とし、切り込みを入れて油で揚げる。皮をむいて冷水に落とす。水気を絞り、ラップに包み、冷凍庫に入れて凍らせる。

②鶏ガラとイリコとカツオ節の合わせだし、いしり、調味料を合わせていしり汁を用意し、温かい煮汁に①の茄子を凍ったまま入

れ、茄子が解凍したらすぐ引き上げる。

③アサリは酒を振りかけて蒸し、殻が開いたら身を取り出す。

④紅葉人参は、人参を紅葉の型に抜いて下茹でし、一番だしを吸い地加減に調味した浸し地で味を含ませる。

⑤南瓜を煮る。南瓜を大きめの木の葉の形にむいて下茹でし、煮汁で煮含める。

⑥茄子を切り分けて盛り付け、アサリ、紅葉人参、木の葉南瓜を添える。煮汁を張り、紅葉天におろしわさびをのせる。

干し冬瓜 枝豆海老糝薯 八幡巻き

（カラー134頁）

[材料]

冬瓜
●枝豆海老糝薯（作りやすい量）
芝海老…60g
海老のすり身（市販品）…120g
塩…ひとつまみ
昆布だし（122頁参照）…30㎖
大和芋（すりおろし）…10g
卵の素（※6）…20g
枝豆
タピオカ粉
●とうもろこしすり流し
とうもろこし
ソップだし（123頁参照）
塩
●陸蓮根青煮
オクラ
オクラの浸し地
　一番だし（122頁参照）
　酒
　塩
　薄口醤油
　味醂
●べんがら含ませ
赤こんにゃく
べんがら含ませの煮汁（割合）
　一番だし…8
　酒…1
　味醂…1
　白醤油…1
　塩…少々
おろし柚子（※11）

※赤こんにゃくは、近江八幡（滋賀県）の名物のこんにゃく。下茹ででアルミ鍋を使うと鍋にアクが残るので、鉄鍋を使うとよい。

[作り方]

①冬瓜を適当な幅に切り、かんぴょうのようにかつらにむき、風干しする。干したものを少々の塩と水でもみ、茹でて好みのかたさに戻し、冷水に取る。

②芝海老の背ワタを取ってそうじし、片栗粉でよくもみ洗いをする。水で洗い流し、水分をふき取り、庖丁で叩く。当たり鉢に海老のすり身と塩をひとつまみ入れ、粘りが出るまでよく当たる。昆布だしを2回に分けて加え、よくすり混ぜる。大和芋のすりおろしと卵の素も加えて当たる。叩いた芝海老をゴムべらで混ぜ込む。

③枝豆は塩茹でし、さやから実をはずして細かく刻む。

④③の枝豆を②の海老糝薯に加えて混ぜて枝豆海老糝薯の生地とし、ラップに棒状に取って包む。蒸気が上がった蒸し器に入れ、中火で蒸す。

⑤①の冬瓜の水気をふいて広げ、小麦粉を打ち粉として振る。

⑥④の枝豆海老糝薯を芯にして⑤の冬瓜で八幡に巻く。タピオカ粉を打ち粉として振り、さっと湯に通し、冷水に落とす。水気をふき、再びラップで巻いて冬瓜と糝薯を密着させる。

⑦とうもろこしのすり流しを作る。とうもろこしを茹で、実をはずしてミキサーにかけてペースト状にする。ソップだしで適度にのばし、塩で味を調える。

⑧陸蓮根青煮を仕込む。オクラを塩でみがき、茹でて冷水に落とす。吸い地加減に調味した浸し地で味を含ませる。

⑨べんがら含ませを仕込む。赤こんにゃくを盛り付けに合わせて切る。鉄鍋に塩を加え、赤こんにゃくをさっと下茹でして煮汁で煮含める。

⑩⑥を器に合わせて切り、べんがら含ませと陸蓮根青煮を盛り、青柚子のおろし柚子を天に添える。とうもろこしのすり流しを張る。

ゴーヤのきんぴら

（カラー135頁）

[材料]

ゴーヤ（青）
ゴーヤ（白）
ミニサラミ
加熱用ミニトマト
●きんぴらの調味料
塩
荒挽き胡椒（黒）
味醂
酒
糸がき

※ミニトマトは、シシリアンルージュという市場名で出回っている加熱用のミニトマト。やわらかくてコクがある。

[作り方]

①2種類のゴーヤは縦半分に切り、種とワタを取り除き、5㎜幅に切る。塩をまぶしてしばらく置き、いったん茹でてこぼしてざるに取る。

②ミニサラミを斜めに切る。

③加熱用ミニトマトのヘタを取り、櫛形に切る。

④フライパンにオリーブ油を入れて加熱し、①、②、③の材料を炒め、塩、荒挽き黒胡椒、味醂、酒で味を調える。

⑤器に盛り付け、糸がきをあしらう。

黄ズッキーニとあさりの潮煮

（カラー136頁）

[材料]
●アサリの潮汁（作りやすい量）
アサリ…20個
水…500㎖
昆布…10g
酒…100㎖
塩…適量
味醂…適量
黄ズッキーニ
薄揚げ
ワカメ
茹でピーナッツ
モロッコいんげん

[作り方]
①鍋にアサリ、水、昆布、酒を入れ、中火にかける。全部のアサリの口が開いたらアサリを取り出し、塩と味醂で汁の味を調え、キッチンペーパーで漉す。アサリは殻から身を外す。
②黄ズッキーニはひと口大に切り揃え、塩を加えた湯で下茹でする。
③薄揚げは湯をかけて油抜きし、細長く切り、2本ずつ結ぶ。
④ワカメは塩抜きし、食べやすいようにひと口大に巻いておく。
⑤①の潮汁を火にかけ、②の黄ズッキーニ、③の薄揚げ、④のワカメを弱火で5分ほど温める。茹でピーナッツもさっと温める。
⑥モロッコいんげんを塩を加えた湯でさっと茹で、冷水に取る。
⑦黄ズッキーニ、薄揚げ、ワカメ、茹でピーナッツを器に盛り、モロッコいんげんをあしらう。潮汁を張って提供する。

ズッキーニ三種の炒め煮

（カラー136頁）

[材料]
ズッキーニ（白）
ズッキーニ（緑）
ズッキーニ（縞）
がんもどき
ベーコン（4人分で100g）
●ズッキーニとがんもどきの煮汁（割合）
昆布だし（122頁参照）…8
味醂…1
砂糖…適量
薄口醤油…1
花ニラ
かつおこんぶ（市販品）
※「かつおこんぶ」は、昆布を斜めに薄く削ったものとカツオ節を混ぜた岩手県宮古市の東和食品㈱の製品を活用。

[作り方]
①3種類のズッキーニを輪切りにし、熱したフライパンで炒める。
②がんもどきに熱湯をかけて油抜きをする。
③ベーコンを小さめの角切りにし、表面がカリカリになるまでフライパンで炒める。
④昆布だしに②のベーコンを加え、調味料を加えて甘めの煮汁を作り、①のズッキーニと②のがんもどきを煮含める。
⑤花ニラは、塩を加えた湯で茹で、冷水に取り、盛り付けに合わせて切る。
⑥器に④を盛り付け、色出しした花ニラを文字に盛り、煮汁をかける。
⑦かつおこんぶを天に盛る。

鶏手羽と野菜の炊き合わせ

（カラー137頁）

[材料]
●鶏手羽煮（作りやすい量）
鶏手羽…4本
水…500㎖
酒…100㎖
生姜…2かけ
長ねぎ（青い部分）…約100g
薄口醤油…適量
砂糖…適量
味醂…適量
仙台長茄子
コリンキー
いちじく（乾物）
●いちじくの浸し地
水…100㎖
酒…100㎖
砂糖…20g
玉こんにゃく
オクラ
長ねぎ

[作り方]
①鶏手羽は霜降りし、水、酒、生姜、長ねぎの青い部分とともに圧力鍋に入れて15分加熱する。そのまま冷まし、鶏手羽と漉した煮汁を別の鍋に移し、砂糖と味醂を加えて味を調え、15分ほど煮含めてひと晩鍋止めする。
②仙台長茄子はヘタを切り落とし、焼き茄子の要領で焼いて、皮をむく。
③コリンキーは横長に細長く切り揃え、さっと塩茹でする。
④乾物のいちじくは半分に切り、水、酒、砂糖を合わせた浸し地でひと晩味を含ませる。翌日、浸し地とともに弱火で15分程蒸し煮にする。
⑤玉こんにゃくは下茹でし、乾煎りして、鶏手羽煮の煮汁で煮て味を含ませる。
⑥オクラは塩でみがき、塩を加えた湯で茹で、冷水に取る。盛り付けに合わせて切る。
⑦器に、鶏手羽と④のいちじく、玉こんにゃくを盛る。②の焼き茄子と③のコリンキーは、鶏手羽の煮汁でさっと温めて盛り付ける。オクラをあしらい、鶏手羽の煮汁をかけ、白髪ねぎを添える。

新玉葱丸煮 新じゃが芋 胡瓜素麺葛煮

（カラー138頁）

[材料]
スッポン（1kg）…1杯
●スッポンの煮汁（作りやすい量）
水…1.8ℓ
酒…900㎖
昆布…20g
生姜（薄切り）…5枚

長ねぎ（青い部分）…1本分
濃口醤油…少々
梅肉（叩いたもの）…1個分
新玉ねぎ
●新玉ねぎの蒸し汁（割合）
鶏ガラとイリコとカツオ節の
　合わせだし（124頁参照）…8
酒…1
白醤油…1
塩…少々
新じゃが芋
●新じゃが芋の煮汁（割合）
イリコと昆布とカツオ節の
　合わせだし（123頁参照）…8
酒…1
味醂…1
塩…適量
胡瓜
吉野葛
昆布だし（122頁参照）
茗荷

【作り方】

①新玉ねぎに鋳込むすっぽんを煮る。すっぽん1杯（1kgサイズ）をさばいて熱湯を通し、皮をむく。これを水、酒、昆布、生姜、長ねぎの青い部分に加えて、中火で濁らないように40分ほど煮出す。濃口醤油と梅肉で味を調える。

②新玉ねぎの皮をむき、中央をくり抜いて、①のすっぽんの身をほぐして鋳込む。

③②の新玉ねぎをバットに置き、蒸し汁を張り、蒸し煮にする。

④新じゃが芋は皮をむいて星型に抜き、塩を振って蒸す。煮汁で煮含め、天火で焼き色を付ける。

⑤胡瓜は塩でみがき、厚めのかつらにむいて小口から切ってそうめん状にする。これに吉野葛をまぶして昆布だしでさっと茹でる。

⑥蒸し煮した新玉ねぎの裏側に3ヶ所ほど隠し庖丁を入れて、新じゃが芋、胡瓜を盛り付け、せん切りにした茗荷を天盛りする。

玉葱鋳込み　鰻真丈 銀あん

（カラー139頁）

【材料】
玉ねぎ
●玉ねぎの下煮用の煮汁
ソップだし（123頁参照）
昆布酒（※7）
酒
塩
●鰻真丈（作りやすい量）
鰻の蒲焼き…20g
白身魚のすり身…20g
卵の素（※6）…5g
生姜…適量
●銀あん
ソップだし
塩
薄口醤油
吉野葛
生姜

【作り方】

①玉ねぎは天地を落として皮をむき、芯をくり抜いて下煮用の煮汁で煮る。

②鰻真丈を作る。白身魚のすり身を当たり鉢に入れて当たり鉢ですり混ぜる。卵の素を加え、生姜汁を絞り、鰻の蒲焼きを細かく刻んで混ぜ合わせる。

③①の、玉ねぎの芯をくり抜いた中に打ち粉として片栗粉をまぶし、鰻真丈を詰めて強火で蒸す。

④銀あんを作る。ソップだしに塩、薄口醤油を加えて調味し、水溶きした吉野葛を引いて銀あんにする。

⑤③の玉ねぎを器に盛ってん銀あんを張り、針生姜を天盛りする。

蕪ピューレ　羽二重蒸し

（カラー140頁）

【材料】
●かぶピューレの材料（作りやすい量）
かぶ（すりおろし）…100g
浮き粉…大さじ1.5
卵白…1個分
アナゴ…適量
アナゴ用の一杯醤油（割合）
「酒…1
　薄口醤油…1
百合根…適量
枝豆…適量
ズワイガニ…適量
●コンビーフあん（作りやすい量）
昆布だし（122頁参照）…900㎖
コンビーフ…100g
薄口醤油…適量
塩…適量
吉野葛…適量
わさび

【作り方】

①かぶは生のまますりおろし、水気を少し絞る。浮き粉を加えて練り合わせ、泡立てた卵白を合わせる。

②アナゴは一杯醤油で軽くかけ焼きにし、百合根は鱗片をはがし、枝豆は塩茹でして実を取り出す。

③①に②の材料とズワイガニを混ぜ合わせてラップで茶巾に絞り、15分くらい中火で蒸す。

④コンビーフあんを作る。昆布だしを煮立たせてコンビーフをほぐし入れ、薄口醤油、塩で味を調え、水溶きした吉野葛でとろみを付ける。

⑤器に③を盛り付けてコンビーフあんを張り、おろしわさびを添える。

小蕪　小玉葱 ベーコンの豆乳煮

（カラー141頁）

【材料】
小かぶ
小玉ねぎ
ベーコン
昆布だし（122頁参照）…1300㎖
砂糖…10g

西京味噌（漉し）…50g
豆乳…50㎖
青じそ

［作り方］
①小かぶは皮をむいてさっと湯がき、4つに切る。小玉ねぎは天地を落として皮をむき、さっと湯を通す。ベーコンは食べやすく切り、フライパンで表面だけを焼く。
②昆布だしを煮立たせてベーコンを入れ、ベーコンの塩気が回ったら一度ベーコンを引き上げ、小かぶ、小玉ねぎを入れて煮含める。砂糖、西京味噌を加えて味を調えてベーコンを戻し、豆乳を加えて仕上げる。
③器に盛り付ける。

小烏賊と野菜の吉野煮

（カラー142頁）

［材料］
小イカ
焼き豆腐
キクラゲ（生）
マッシュルーム（白・茶）
赤こんにゃく
人参
おかひじき
●吉野あん（割合）
一番だし（122頁参照）…8
薄口醤油…1
味醂…1
砂糖…適量
吉野葛…適量

［作り方］
①小イカは脚をはずし、内臓を抜いてさっと湯に通す。
②焼き豆腐は食べやすい大きさに切る。
③生キクラゲは水でさっと洗い、切り分ける。
④マッシュルームは汚れを取り、軸を切り揃える。
⑤赤こんにゃくは拍子木に切り、茹でこぼして乾煎りする。
⑥人参は長めのせん切りにする。おかひじきはかたい茎を取り除く。
⑦吉野あんを作る。一番だしに調味料を合わせ、砂糖を加えて甘めのにし、水溶きした吉野葛を加えてとろみを付ける。
⑧①～⑤の材料を、温めた⑦の吉野あんに順次手早く入れて温め、器に盛る。
⑨⑥の人参とおかひじきを、それぞれ束にまとめて吉野あんにくぐらせながら火を入れ、器に盛り付ける。
⑩吉野あんをたっぷりとかけ、木の芽を飾る。

チーズ柳川

（カラー143頁）

［材料］
ごぼう
万願寺唐辛子
トマト
汲み上げ湯葉
モツァレラチーズ
卵
●柳川鍋の地（割合）
一番だし（122頁参照）…5
味醂…1
薄口醤油…1
黒胡椒（荒挽き）

［作り方］
①具の準備をする。ごぼうはささがきにし、酢水に浸してアクを止める。万願寺唐辛子は焼く。トマトは焼いて皮をむく。
②一番だしと調味料を合わせて柳川鍋の地を作る。
③具のごぼう、万願寺唐辛子、トマト、汲み上げ湯葉、モツァレラチーズを鍋に並べて柳川鍋の地を張り、火にかける。卵を溶き、半分を注いで半熟程度に煮えたら残りも加え、やわらかめに火を入れる。
④黒胡椒を振って提供する。

鉄鍋仕立て　トマト カマンベール焼き

（カラー144頁）

［材料］
小松菜
●小松菜の浸し地
一番だし（122頁参照）
塩
薄口醤油
味醂
トマト
牛肉（ミスジ）
カマンベールチーズ
●ソース（作りやすい量）
とんかつソース…200㎖
マヨネーズ…50g
トマトジュース…50㎖
牡蠣醤油…大さじ1
ブロッコリースーパースプラウト
※牡蠣醤油とは、牡蠣の旨味成分と醤油を合わせただし入りの醤油で、国内メーカーで製造している。オイスターソースとは違い、和食に合う。

［作り方］
①小松菜は塩を加えた湯で茹で、冷水に取って水気を絞る。器に合わせて切り、吸い地加減に調味した浸し地で味を含ませる。
②トマトの皮を湯むきし、6等分の櫛形に切る。
③調味料を合わせてソースを作る。
④鉄鍋に①の小松菜を敷き、牛肉を表面だけさっと炙るように焼いて小松菜の上にのせる。②のトマト、カマンベールチーズをのせ、180℃に熱したオーブンで表面に焼き目が付くまで10分ほど焼く。
⑤ソースをたっぷり張り、ブロッコリースーパースプラウトを天盛りにする。

カステラ南瓜焼き　酒盗あんかけ

（カラー145頁）

［材料］
●カステラ南瓜の生地
えびす南瓜…200g
とうもろこし…1／3本
卵…2個
干しぶどう
干しぶどうの戻し汁（割合）
［白ワイン…1
水…1

●酒盗あん（作りやすい量）
酒…180㎖
爪昆布…1枚
酒盗…50g
吉野葛…少々
卵黄…3個分
土佐醤油（※14）…少々
味醂…少々
長ねぎ

[作り方]
①カステラ南瓜の生地を作る。南瓜は皮をむきワタを取り、塩を振って蒸して裏漉しする。卵は卵白1個分をメレンゲにし、残りは溶いておく。とうもろこしは焼くか茹でて、粒をほぐす。干しぶどうは水と白ワインの同割に浸して戻す。泡立てた卵白と溶き卵、裏漉しした南瓜を混ぜ合わせ、干しぶどう、とうもろこしの粒を加える。
②①の生地を玉子焼き鍋に流し込み、180℃のオーブンで焼く。
③酒盗あんを作る。鍋に酒を張って爪昆布を浸し、酒盗を加えて煮立たせ、酒盗が溶けて酒に香りが移ったら裏漉しする。水溶きした吉野葛と卵黄を加えて湯煎にかけながら混ぜて合わせてクリーム状にし、ガーゼで漉し取り、土佐醤油と味醂で味を調える。
④②のカステラ南瓜を器の大きさに合わせて切り、器に盛る。酒盗あんをかけて白髪ねぎを天盛りする。

牛蒡と納豆のチーズ焼き

（カラー146頁）

[材料]
●管ごぼう
ごぼう
管ごぼうの煮汁（割合）
一番だし（122頁参照）…8
味醂…1
濃口醤油…1
納豆（市販・たれ付き）
ラー油…少々
長ねぎ
スライスチーズ（溶けるタイプ）

[作り方]
①管ごぼうを作る。ごぼうは5㎝の長さに切り、ぬかを加えた湯で下茹でし、芯を抜いて縦半分に切る。これを煮汁で煮含める。
②納豆にたれ、ラー油、みじん切りにした長ねぎを加えて混ぜる。
③ごぼうの芯の部分に②の納豆を詰めてスライスチーズをかぶせ、オーブンで焼く。
④器に盛り、青ねぎを天盛りする。

百合根　珍味焼き色々

（カラー146頁）

[材料]
百合根
●百合根にのせる生地
大和芋
汲み上げ湯葉
濃口醤油
酒
このわた
ばくらい
かに味噌
青山椒
からすみ
●松葉そうめん
そうめん（乾麺）
卵白
カツオ節（海苔やおぼろ昆布でもよい）

[作り方]
①百合根は1枚ずつはがしてそうじする。
②百合根にのせる生地を作る。大和芋は皮をむいて5㎜の輪切りにし、塩を振って天火で焼き、裏漉しにかける。汲み上げ湯葉は裏漉しにかけて1割量の大和芋と合わせてつなぎ、濃口醤油、酒で味を調える。この生地を5等分して、それぞれにこのわた、ばくらい、かに味噌、青山椒、小角に切ったからすみを合わせる。
③①の百合根の内側に小麦粉をまぶし、②を盛り、バットに並べ、中火の蒸し器で5分程蒸す。余熱で火を通してから軽く炙って焼き目を付ける。
④松葉そうめんは、そうめんを好みの長さに切り、2本を合わせて片方の端に卵白をぬり、カツオ節で巻き止めてサラダ油で揚げる。
⑤器に木の葉を敷いて珍味焼きを盛り付け、松葉そうめんを飾る。

そばと野菜のメレンゲ包み

（カラー148頁）

[材料]

そば（乾麺）
エリンギ
パプリカ（赤・黄・緑）
●メレンゲ包みの皮（作りやすい量）
卵白…5個分
卵黄…3個分
水溶き葛粉…大さじ1
塩…少々
●きららあん（割合）
鶏ガラとイリコとカツオ節の合わせだし（124頁参照）…8
味醂…1
薄口醤油…0.5
塩…0.5
吉野葛…適量
汲み上げ湯葉
生姜

[作り方]

①包む具を作る。そばはかために茹でる。エリンギと3色のパプリカは細かく刻み、それぞれサラダ油を熱したフライパンで炒め、塩で味を調える。
②メレンゲ包みの皮を作る。泡立てた卵白に卵黄を合わせ、水溶きした吉野葛を引いて塩で味を調える。流し缶に1cmの高さまで流し入れて蒸す。
③まきすに蒸し上がった②の生地を広げ、①の具をのせて端から巻く。
④きららあんを作る。鶏ガラとイリコとカツオ節の合わせだしに調味料を加え、水溶きした吉野葛を薄めに引く。細かくちぎった汲み上げ湯葉を加え、仕上げに生姜のしぼり汁を数滴落とす。
⑤メレンゲ包みを食べやすく切り、器に盛り付ける。きららあんを張る。

もろこし葛素麺

（カラー149頁）

[材料]

もろこし葛そうめんの生地
●とうもろこしのペースト…180㎖
昆布だし（122頁参照）…180㎖
吉野葛…50g
塩…少々
●美味だし（割合）
昆布だし…6
炒り米…1
味醂…1
薄口醤油…1
カツオ節（追いガツオ用）…適量
オクラ
生姜

[作り方]

①とうもろこしの葛そうめんの生地を作る。とうもろこしを茹でて粒を取り、ミキサーにかけて裏漉ししてペースト状にする。昆布だしに葛粉を混ぜ合わせて漉し、ペーストにしたとうもろこしと合わせる。鍋に移し、弱めの中火でコシが出るまで充分に練り合わせる。これを絞り出し袋に入れて引き筒に詰め、氷水に押し出す。
②美味だしを作る。米をきつね色になるまで炒る。昆布だしを温め、炒り米と調味料を加える。沸いたら追いガツオをして冷やしておく。
③オクラは、塩でみがいて茹で、色を出す。
④もろこし葛そうめんを器に盛り付け、冷やした美味だしを張る。小口切りにしたオクラを浮かべ、細切りした針生姜を天盛りする。

ひと口漬け物ずし

（カラー150頁）

[材料]

●すし飯
白飯
すし酢（※16）
奈良漬け
千枚かぶ
べったら漬け
ザーサイ（市販）
赤かぶの甘酢漬け
水菜漬け
茄子のぬか漬け
胡麻油
●酢取り茗荷
茗荷
合わせ酢（割合）
「味醂甘酢（※4）…1
「昆布だし（122頁参照）…1

[作り方]

①白飯にすし酢を合わせ、すし飯を用意する。
②酢取り茗荷は、茗荷をさっと茹で、合わせ酢に浸す。
③漬け物は、それぞれ薄切りする。茄子、赤かぶ、ザーサイには胡麻油をぬる。
④ラップに③の漬け物を1枚ずつ置き、すし飯をのせて茶巾に絞る。
⑤器に盛り、酢取り茗荷を添える。

いとこ飯

（カラー151頁）

[材料]

米
●炊き込みご飯の具
枝豆
とうもろこし
さつま芋
大根

人参
里芋
南瓜
ごぼう
こんにゃく
●炊き込みご飯の地（3合分）
昆布だし（122頁参照）…600㎖
酒…15㎖
薄口醤油…15㎖
塩…少々
海苔

[作り方]
①米を研いでしばらく置く。
②炊き込む具を用意する。枝豆は殻から実を外す。とうもろこしは実をほぐす。さつま芋、大根、人参、里芋、南瓜は皮をむいて枝豆の大きさに揃えて小角に切る。ごぼうとこんにゃくも枝豆の大きさに揃えて小角に切る。
③炊き込みの地を作る。昆布だしに調味料を加えて味を調える。
④土鍋に米と具、地を入れて炊き上げ、切り海苔を添える。

スポーツ茶漬け

（カラー152頁）

[材料]
米…3合
ごぼう
人参
薄揚げ
舞茸
しらたき
●炊き込みご飯の地（割合）
鶏ガラと焼きアゴと昆布の合わせだし（124頁参照）…8
味醂…1
濃口醤油 1
スポーツ飲料
新もずく
●新もずくの浸し地
一番だし（122頁参照）
酒
塩
薄口醤油
●張り地（割合）
一番だし…10
濃口醤油…適量
塩…適量
スポーツ飲料…2
梅干し

[作り方]
①炊き込みご飯の具を準備する。ごぼうと人参をせん切りし、ごぼうは酢水でアクを抜く。薄揚げは、熱湯に通して油抜きをし、刻む。舞茸は食べやすくほぐす。しらたきは熱湯で下茹でして切る。
②炊き込みご飯用の地を用意する。合わせだしと味醂、濃口醤油をそれぞれ8対1対1で合わせたものを450㎖用意し、スポーツ飲料90㎖を加える。これで研いでおいた米と具を炊く。
③新もずくを洗い、吸い地加減に調味した浸し地で味を含ませる。
④一番だしと調味料、スポーツ飲料を合わせて張り地を作る。
⑤炊き込みご飯を盛り、新もずくの水気を切って盛り、張り地を周囲に張る。天に梅干しをのせる。

アボカド包みずし ジェル醤油

（カラー153頁）

[材料]
●すし飯
白飯
すし酢（※16）
松の実
梅肉
●アボカドの衣
アボカド
キャベツ
しば漬け
べったら漬け
わさび
酒
塩
松茸
人参
わさび
●ジェル醤油
濃口醤油
粉ゼラチン

[作り方]
①白飯にすし酢を合わせてすし飯を作る。松の実は炒って細かく刻み、梅肉は叩く。これをすし飯と混ぜ込む。
②まきすにラップを敷いて①の具入りすし飯を置き、棒状に巻く。
③すしの周囲を包む、アボカド入りの衣を用意する。アボカドは皮をむいて種を取り除き、細かく刻む。キャベツ、しば漬け、べったら漬けは粗めのみじん切りにする。すりおろしたわさびも加えて全体を混ぜ、酒、塩で味を調える。
④まきすにラップを敷き、③をのばして広げる。ここに②の具入りのすし飯をのせて巻き、食べやすく切る。
⑤ジェル醤油を作る。水でふやかした粉ゼラチンを、濃口醤油と合わせて煮溶かし、冷やし固める。
⑥あしらいの野菜を用意する。松茸は縦に4等分に裂いて焼く。人参はもみじにむいて茹でる。わさびは皮をむいて細切りする。
⑦器に④を盛り付け、焼き松茸、紅葉人参、針わさびを前盛りする。ジェル醤油を別添えする。

小芋の柚子おろし雑炊

（カラー154頁）

[材料]
白飯
里芋
大根
●雑炊のだし
イリコと昆布とカツオ節の合わせだし（123頁参照）…150㎖
白味噌…18g
砂糖…3g
酢…5㎖
おろし柚子（※11）

[作り方]
①白飯を炊く。
②里芋は小さめのものを用意し、皮付きのまま塩を振って蒸す。皮をむいて小角に切る。
③大根はおろす。
④イリコと昆布とカツオ節の合わせだしに、白味噌、砂糖、酢を加えて雑炊のだしを作る。
⑤提供用の小鍋に白飯を盛り、②の里芋と④の雑炊のだしを加えて弱火で煮る。
⑥大根おろしをのせ、おろし柚子を散らす。

壬生菜の博多ずし

（カラー155頁）

[材料]
壬生菜
●壬生菜の浸し地
一番だし（122頁参照）
酒
塩
薄口醤油
薄揚げ
●薄揚げの煮汁（割合）
一番だし…8
味醂…1
酒…1
濃口醤油…1
●すし飯
白飯
すし酢（※16）
ジャコ
赤かぶの甘酢漬け
●酢取り生姜
生姜
合わせ酢（割合）
［味醂甘酢（※4）…1
昆布だし（122頁参照）…1

[作り方]
①壬生菜は塩を加えた熱湯でかために茹で、吸い地加減に調味した浸し地に含ませる。薄揚げは油抜きし、煮汁で煮含める。
②酢取り生姜は、生姜を切ってさっと茹で、合わせ酢に浸す。
③白飯にすし酢を合わせ、すし飯を用意する。ジャコは素揚げする。赤かぶの甘酢漬けと酢取り生姜は細かく刻む。これらをすし飯に混ぜ合わせる。
④バッテラ箱の底に切り揃えた壬生菜を敷いて薄揚げを重ね合わせ、③のすし飯を箱の中程まで入れて平らにする。再び壬生菜を敷いてすし飯を詰め、薄揚げ、壬生菜の順に重ねて博多にする。蓋をして箱を回しながら全体を押す。
⑤食べやすく切り分け、笹を敷いて重ねて盛り、酢取り生姜を添える。

柚べし茶漬け

（カラー156頁）

[材料]
●柚べし（作りやすい量）
黄柚子…適量
八丁味噌…50g
カツオ節…20g
とろろ昆布…20g
松の実…大さじ1
赤酒…5㎖
白飯
ぶぶあられ
三つ葉
煎茶

[作り方]
①柚べしを作る。黄柚子はヘタが付いているところが蓋になるように横に庖丁を入れて切り、果肉を取り出して柚子釜を作る。取り出した果肉は果汁をしぼる。
②ボウルに八丁味噌、カツオ節、とろろ昆布、松の実、赤酒を入れて練り合わせ、絞った柚子の果汁を加えてのばす。これを柚子釜に詰め、蓋をして水糸でしっかり巻いて止める。
③②を蒸し器で1時間ほど蒸す。冷めたら風通しのよい場所に3〜6ヵ月ほど吊るし、かたく縮むまで干す。
④茶碗にご飯を盛り、ぶぶあられを散らし、薄切りにした柚べしをのせて刻んだ三つ葉を添える。煎茶を注ぐ。

炭そば　カッペリーニ　茶そばのにぎりずし

（カラー157頁）

[材料]
●すし飯
白飯
すし酢（※16）
炭そば（乾麺）
カッペリーニ（乾麺）
茶そば（乾麺）
甘酢（※10）
●すしの帯
海苔
水菜
べったら漬け
●はじかみ
谷中生姜
合わせ酢（割合）
［味醂甘酢（※4）…1
昆布だし（122頁参照）…1

[作り方]
①白飯にすし酢を合わせ、すし飯を仕込む。
②炭そば、カッペリーニ、茶そばはそれぞれかために茹で、甘酢に浸して味を付ける。
③はじかみを仕込む。谷中生姜をそうじしてさっと湯通しをし、塩を振る。合わせ酢に漬け込んで色を出す。
④②の麺を取り出して水分を取り、まきすに並べる。握ったすし飯を麺の上に置いて巻き、形を整える。
⑤海苔と茹でた水菜、べったら漬けで帯を作り、すしを結ぶ。
⑥器に盛り、はじかみ、南天の葉をあしらう。

揚げ湯葉巻きずし

（カラー158頁）

[材料]
●すし飯
白飯
すし酢（※16）

薄揚げ
切り干し大根
●薄揚げと切り干し大根の煮汁（割合）
昆布だし（122頁参照）…8
酒…1
味醂…1
薄口醤油…1
塩…少々
●椎茸旨煮
干し椎茸
椎茸の煮汁（割合）
戻し汁…8
酒…1
味醂…1
砂糖…適量
濃口醤油…1
胡瓜
平湯葉（干し湯葉）
●白扇衣
卵白…1／2個
片栗粉…大さじ2
小麦粉…大さじ1
冷水…大さじ3～4

［作り方］
①白飯にすし酢を合わせてすし飯を用意する。
②すし飯に混ぜる具を作る。薄揚げは油抜きをし、切り干し大根は水に浸して戻す。これらは煮汁で煮含めた後、細かく刻む。干し椎茸はぬるま湯で戻して煮汁で煮含め、細かく刻む。胡瓜は細かく刻んでおく。これらをすし飯に混ぜ合わせる。
③平湯葉を戻して広げ、具を加えたすし飯をのせて巻く。泡立てた卵白に粉類や水を合わせて白扇衣を作り、巻いたすしに衣として付け、サラダ油で揚げる。
④切り分けて器に盛る。

夫婦ご飯

（カラー159頁）

［材料］
米…3合
焼き豆腐
●焼き豆腐の煮汁
昆布だし（122頁参照）
酒
塩
厚揚げ
●厚揚げの煮汁
一番だし（122頁参照）
酒
薄口醤油
塩
●炊き込みご飯の地（3合分）
鶏ガラとイリコとカツオ節の合わせだし（124頁参照）…600㎖
胡麻油…5㎖
濃口醤油…5㎖
塩…少々
煎り生姜
生姜
卵白
酒
赤酒
薄口醤油
塩昆布
三つ葉

［作り方］
①米は研いで、しばらく置く。
②焼き豆腐は食べよい小角に切り、煮汁で含め煮にする。厚揚げは焼き豆腐の大きさに揃えて小角に切り、吸い地加減に調味した煮汁で含め煮にする。
③炊き込みご飯の地を作る。鶏ガラとイリコとカツオ節の合わせだしに調味料を加える。
④土鍋に米、②の具、③の地を入れて炊き上げる。
⑤煎り生姜を作る。生姜は皮付きのままおろす。ボウルにしぼり汁と卵白を合わせて酒、赤酒、薄口醤油で味を調え、湯煎にかけて煎り上げる。
⑥具を調えて盛り付け、煎り生姜、塩昆布、かためコに塩茹でした三つ葉を添える。

著者紹介

横井 清

昭和22年滋賀県生まれ。中学卒業後、大阪、金沢、京都、和歌山、長野、東京と修業を重ね、37歳で独立。現在は東京・浅草で、『京料理 よこい』店主として、質が高く独自性も高い日本料理を提供し、ファンを掴んでいる。平成17年に東京マイスター（江戸の名工）受賞、平成24年に現代の名工を受賞。平成28年に黄綬褒章を受章。調理師専門学校特別講師をはじめ全国各地の講演、調理指導を積極的に努める。関西調理師会親鱗会会長。

『京料理 よこい』
素材と伝統技法にこだわった会席料理の店。特にお椀に力を入れており、その日その季節の味を求めて来店するお馴染みのお客様が多い。夜の会席コースは10000円、13000円、15000円。

東京都台東区浅草1—13—1
電話番号 03—3845—1655
営業時間 11時30分～14時30分（LO14時）
17時～22時30分（LO22時）
※昼は土日祝日のみ営業
※完全予約制 不定休

西 芳照

昭和37年福島県生まれ。高校卒業後、上京し、京懐石や日本料理店で和食の修業を積む。18歳で『京料理 よこい』に入る。平成11年に福島県楢葉町に開設したナショナルトレーニングセンター、Jヴィレッジのレストランに勤務。平成13年に総料理長に就任。平成16年以来、サッカー日本代表の専属シェフとして帯同している。

『広野町レストラン
アルパインローズ』
一品料理や酒肴料理、麺類、食事メニューを揃える気取りのないレストラン。サッカー監督にちなんだメニューや、日本酒も好評。選手の食事で大人気の銀ダラ西京焼きをホームページで販売している。

福島県双葉郡広野町大字
下北迫字二ツ沼46—1 二ツ沼総合公園内
電話番号 0240—27—1110
営業時間 11時30分～13時30分（LO13時）
18時00分～22時30分（料理LO
21時30分 ドリンクLO22時）
※土日祝はランチのみ
定休日 月曜日・金曜日

下山 哲一

昭和40年栃木県生まれ。高校卒業後、地元のホテルの和食部門に入社し、その後、東京、神奈川で修業。26歳で『京料理 よこい』に入り、29歳で『料亭 千代田』の料理長を経て、その後、数店の日本料理店の料理長を経て、平成23年より『日本料理 穂の花』料理長を務める。

『日本料理 穂の花』
旬の食材と、素材の味を生かした日本料理を提供。だしにもこだわり、特にお椀に力を入れている。接待での予約客が多く、夜の会席コースは、8000円、10000円、13000円。時季を限定する「穂の花特製あんこう鍋コース」、「氷見の鰤尽くしコース」などテーマを決めたコース料理も人気。

東京都中央区銀座8—4—2
たくみビルB1
電話番号 03—3571—0041
営業時間 11時30分～13時30分（LO）
17時～21時（LO）
定休日 日曜日・祝日

阿部 英之

昭和44年宮城県生まれ。大学卒業後、大手外食企業（京樽）に入社。その後、うなぎ専門店、茶懐石の店、カウンター割烹店、鍋料理店などの修業を経て、29歳で『京料理 よこい』に入る。32歳で家業の『竹亭』を継ぎ、現在、代表取締役社長。

『うなぎ どぜう 日本料理 竹亭』本店
うなぎを主力に、どじょう、懐石料理を提供する日本料理店。うなぎは、炭火焼きにこだわった味づくりに定評がある。
住宅街に立地し、一品料理を多く揃え、天ぷらや刺身を好みで組み合わせる自由度の高い定食メニュー、法要やお祝いのニーズに対応した会席コースも揃える。

宮城県仙台市泉区南光台東1—53—22
電話番号 022—252—5030
営業時間 11時～21時（LO20時30分）
定休日 木曜日

髙橋 孝幸

昭和56年新潟県生まれ。高校卒業後上京し、調理師専門学校で学ぶ。調理師学校の講師であった故小倉久米雄氏の紹介で『京料理 よこい』に入る。八王子、向島、銀座の『京料理 よこい』各店で修業し、平成28年より、『日本料理 大島』料理長。

『日本料理 大島』
関西料理を基本とし、江戸料理の技術を加えて、門前仲町という土地柄に合うように旬の食材と、素材の生かした日本料理を提供。博多仕立ての水炊きが好評。日本全国の銘酒や焼酎にも力を入れている。
夜の会席コースは、5000円、8000円、10000円。

東京都江東区牡丹2—10—1
リヴェール河庄1階
電話番号 03—5875—9729
営業時間 11時30分～14時00分
（LO13時30分）
17時～22時（LO22時）
定休日 月曜日・祝日・第1・3日曜日

構成・取材／城所範子
撮　　　影／後藤弘行
装　　　丁／國廣正昭
レイアウト／佐藤暢美
制　　　作／土田　治

※本書は、「和食の最新野菜料理」（小社刊）をベースに、
新たに撮影した料理を加えて再編集したものです。

新技多彩 和食の野菜料理
多様な野菜を使いこなし、おいしさ溢れるプロの155品

発行日――――平成28年12月5日　初版発行
著　者――――横井《よこい》 清《きよし》／西《にし》 芳照《よしてる》／下山《しもやま》 哲一《のりかず》／阿部《あべ》英之《ひでゆき》／髙橋《たかはし》 孝幸《たかゆき》
制作者――――永瀬正人
発行者――――早嶋　茂
発行所――――株式会社　旭屋出版
〒107−0052
東京都港区赤坂1−7−19
キャピタル赤坂ビル８Ｆ
電　話　03−3560−9065（販売）
電　話　03−3560−9066（編集）
ＦＡＸ　03−3560−9071
郵便振替口座番号　00150−1−19572
印刷・製本――凸版印刷株式会社

ISBN978-4-7511-1244-1　C2077